レジリエント・マネジメント

Resilient Management

平田 透 編

Toru Hirata

ナカニシヤ出版

序　何が経営の差を生むのか──プロセスから考える

本書は、企業が直面したさまざまな局面においてどう対応し、どのような経過をたどったのかの事例についてわかりやすく記述している。われわれは、企業の経営には、これをやれば必ず成功するという普遍的な原理、方程式はないと考えている。その理由は、企業経営においてまったく同じ状態というのはありえないからである。しかし、企業がたどった歴史のなかには学ぶべき点が多々あり、個々の企業が置かれた状況と行動の関連をみながら考えてみることは有益である。

そのような立場から、本書では五つの局面に焦点をあわせ、日本企業九社のケースとして記述している。第一は、急速に変化する事業環境に対応して独自の戦略で転換を図っている富士フイルムとローソン、第二は資生堂と旧ヤオハンを例にした国際化のプロセス、第三は買収を梃に事業成長を図る日本電産、M&Aで大きな話題を呼んだブルドックソース、第四は独自の事業分野の形成で成功しているホッピービバレッジと会宝産業、第五は、男社会にみえる建機メーカーコマツにおけるダイバーシティの追求である。最後に参考としてサムスンを加えた。

全体を通じての目的は、企業が持続していくためのレジリエンス（resilience）について、ケースから読み取ることにある。レジリエンスとは、復元力や回復力といった意味であるが、最近はしなやかな適応力というニュアンスでも用いられる。むろん、対象とした企業については経営に関わる事実関係のすべてを記述できるわけではなく、情報収集の限界もある。さらに、ケースの解釈は、一通りではないし、これが「唯一無二の正解」というものも存在しない。本書の目的は、さまざまな視点から考えてみる材料をケースという形で提供し、一連の企業行動の妥当性を振り返り、経営的視点から考えてみる機会の提供にある。時間が過ぎれば、企業行動の評価も変わってしまうことも十分ありうる。

企業の成功には、リーダーとしての経営者の資質、社員の質や財務基盤やブランド力といった、保有している経営資源の大きさと質、事業ドメインの選択など、複雑な要素が絡みあう。また、いったん事業を成功させてもそれを持続することはさらに難しい。新しく起業しても、ほとんどは一〇年もすれば、生き残っている企業は非常に少ないという現実は、生存競争の厳しさを示している。

書店の店頭には、経営のサクセスストーリーや生き残り手法など、その時々のトピック的テーマについて書かれた経営関連書籍があふれかえっているものの、時間が経過すればつぎつぎと話題性の高いものに入れ替えられていく。ときには以前とはまったく反対のテーマに関する書籍が並ぶ。

たとえば、一九八二年に経営コンサルタントのトム・ピータースとロジャース・ウォーターマン・ジュニアによって書かれた邦題『エクセレント・カンパニー』（英治出版、二〇〇三年、原題は *In Search of Excellence*）は、日本でも大きな反響を呼んだ。当時、高い収益力をもち優良といわれていた企業の特質について、調査やコンサルティング現場で得たインタビュー内容などをもとに、組織文化などの独自の視点から分析をおこなった書である。その後の現実をみると、取り上げられた企業の多くは深刻な経営危機や業績の悪化を経験し、転機を迎えている。なかには本の発売後数年のうちに倒産した企業も出てきたため、批判もされた。それぐらい企業環境の変化は急速なものになっているといえる。そのような状況をみて、なぜ企業が衰退するかに着目した文献も出版された。ジャグディッシュ・N・シースが二〇〇七年に書いたのが『自滅する企業』（原題 *The Self-destructive Habits of Good Companies*）であり、企業の衰退は競合企業との厳しい競争要因よりも内部的要因による「自滅」にあることを主張している。さらに二〇〇九年には、『ビジョナリー・カンパニー――時代を超える生存の原則』（日経ＢＰ社、一九九五年）と『ビジョナリー・カンパニー2――飛躍の法則』（日経BP社、二〇〇一年）を書いたジェームズ・コリンズが、一転して『ビジョナリー・カンパニー3――衰退の五段階』（日経BP社、二〇一〇年、原題 *How the Mighty Fall*）を出版している。これは衰退企業一一社を取り上げ、衰退していない同業の企業と比較してどこが転換点となったのかを比較分析した書である。コリンズは、たとえ衰退の五段階の第四段階に陥っても、逆転は可能であると述べている。コリンズの著書は、アメリカ企業を対象としているが、日本企業にも当てはまる面が多い。

「なぜ企業には差が生まれるのか」「どうすれば成功に導けるのか」「なぜ超優良といわれた企業ですら、ダメになるのか」などは、長いあいだ経営学が追究してきた大きな課題である。戦略論やリーダーシップ論、企業行動論などさまざまな分野から学問的アプローチが試みられてきたが、その結論は一様ではない。日本の高度成長期のように、市場が無条件に成長発展していくような状況では成功の共通パターンを見いだすこともできたが、現在はもうそのようなやり方では通用しなくなっている。グローバル化やインターネットの普及などによって産業構造が変わり、国境や時間的制約を超えてビジネスが展開されていく二一世紀の企業環境では、変化の度合いがますます加速されており、明日は何が起こるかわからないからである。このような不確実性が高い未来に直面させられている企業は、さまざまな局面においてトライ・アンド・エラーを繰り返しながら、新たな事業モデルの構築を模索していく。何よりも重要なのは、タイミングを逃さず変わろう、変化しようと具体的行動に移してしていくことである。その「流れ」をつくれる企業がレジリエントな企業である。

本書で取り上げた企業は、事業分野も規模もばらばらであるが、転機となる局面もしくは経営テーマに対してどのような対応をしてきたかについて、そのプロセスを描いている。ビジネスマンの方や、経営を学ぶ学生の方に参考としていただければ幸いである。

執筆者一同

レジリエント・マネジメント　＊　目次

カバーアート◎海老原露巌
アートディレクター◎佐藤路子

レジリエント・マネジメント

第1章　激変する企業環境

企業をとりまく環境は、変化のスピードをますます速めている。そのような状況では、企業経営者はどのような意思決定をおこない、戦略を立て、発展させていくのか、難しい選択を迫られる。とくに、革新的な技術やサービスが登場し、短い期間で市場が激変してしまう分野や、市場の成熟化により競争が激しくなっているような企業環境では、どこに活路を見いだすかが企業の浮沈にかかわってくる。

クレイトン・クリステンセンは、業界のリーダーたちが破壊的技術への転換点でつまずき、その地位を失っていくことをＨＤＤ（ハードディスクドライブ）業界の分析から実証した。[1]彼は、一般的に破壊的技術は経済的魅力に乏しく、初期の市場から獲得が期待される利益は小さい、そのため、企業成長には貢献しないとみて経営資源を投入するには値しないと判断し、失敗してしまうためであると述べている。しかも、新規市場は、その将来的な発展予測が難しいことから、リスクが低く安定顧客の存在する既存市場に経営資源を集中してしまいがちであることを指摘している。また、市場における優位性は普遍性をもつものではなく、つねに新たなイノベーションや新興勢力の伸長にさらされていることに言及している。企業は、厳しい競争環境のなかで持続性を保つためにつねに現在の事業を再構成し、経営資源の効果的な投入により新たな優位性、変革（イノベーション）を持続的に生み出す試みを展開していかなければならない。

本章ではこのような視点から、技術と小売サービスの分野におけるふたつの企業事例を取り上げる。ひとつは、事業の核であった銀塩フィルムからディジタル化へと急速に技術移行していったなかで、事業構造の転換を図った富士写真フイルム（現富士フイルムホールディングスの事業会社）である。ふたつめは、アメリカで生まれ、日本で高度な発展を遂げ、もはや国内市場では飽和状態といわれ、多様化が進んでいるコンビニエンスストア業界である。現在のコンビニ業界は、総合小売業セブン＆アイ・グループのセブン‐イレブンチェーンが店舗数と売り上げにおいてリーダーとなっており、現在、一万五〇〇〇店を超える店舗ネットワークとインターネットの強みを活かしたサービス展開に踏み出している。これに対し、ローソンはセブン‐イレブンとは異なる多様化の方向で新しい戦略的試みを打ち出し、企業成長を目指している。コンビニエンス業界は、契約切れを期に地域フランチャイジー（加盟店）が加盟チェーンを選択・変更するような事例も多くなっており、厳しい競争の時代に入っている。

富士写真フイルムとローソンという、このふたつの企業事例は、事業のコアが技術と小売サービスという違いはあっても、果敢に革新を追い求める姿勢は共通しており、その変化への対応力という点では興味深い事例である。

◆注

（1） Joseph L.Bower and Clayton M. Christensen, "Disruptive Technologies: Catching the Wave", *Harvard Business Review*, 1995.（関美和訳「イノベーションのジレンマ」『ダイヤモンド・ハーバード・ビジネスレビュー』二〇一三年六月号）

ケース1－1

技術蓄積を活かす　富士フイルム

富士フイルムグループは、富士フイルムホールディングスの傘下に富士フイルム、富士ゼロックス、富山化学など事業会社二六八社を擁する世界的な企業グループであり、日本、中国、北米、ヨーロッパに生産拠点をもち、売り上げの約半分は海外である。連結ベースでの売り上げは二〇一二年度で約二二一五億円、従業員数は約八万人に達する（二〇一三年三月時点）。なお、富士フイルムホールディングス株式会社は、二〇〇六年一〇月一日付けで「富士写真フイルム株式会社」から商号変更し、「富士写真フイルム株式会社」の事業は事業会社「富士フイルム株式会社」が継承した。ここでは、このグループの中核会社である富士フイルムの事業を中心に、経営危機の克服について記述する。

一　市場喪失の危機

富士フイルムは、一九三四年に富士写真フイルム株式会社として設立され、映画用フィルム発売を皮切りに、レントゲンフィルム（一九三六年）、カラーフィルム（一九四八年）などを製造・販売してきた。

第二次世界大戦前、日本国内のフィルム市場では、イーストマン・コダック社（以下、コダック）が約七〇パーセントという圧倒的なシェアを占めていた。まだカメラが非常に高価な貴重品であり、写真はそれほど庶民のものにはなっていなかった時代である。コダックは、戦争による輸入中断を経て戦後の経済復興の時期に日本へ再上陸し、代理店を通じて日本向けの輸出を再開した。ここから、富士フイルムとの市場競争がしだいに激しくなっていく。

コダックは、一八九二年にジョージ・イーストマンが設立した企業である。手頃なサイズで持ち歩きが容易なカメラ「ブラウニー」を開発し、低価格で発売して写真撮影の普及に大きな貢献を果たした。同社が業績を伸ばしたのは、カメラだけではなく写真用フィルムの分野にも進出したことである。一九三五年に三五ミリフィルム「コダクローム」を発売している。カメラ本体は、販売してしまえば終わりだが、消耗品のフィルムはカメラの数が増えれば増えるほど消費が拡大する。このカメラとフィルムの組み合わせが、コダックに長期間大きな利益をもたらしてきた。

日本市場では、一九七一年にフィルムおよび印画紙の輸入が自由化（価格に対し四〇パーセントの関税がかけられた）され、一九七九年には資本自由化により百パーセント子会社による外資の日本進出を認めた。それ以降関税の引き下げ（四〇パーセント→五パーセントへ）、対ドルの円為替レート上昇などの要因が重なり、コダックの日本市場シェアは上昇していった。この時期の日本市場では、製造コスト面でも品質面でもコダックが富士フイルムを凌駕しており、圧倒的に優位な立場にあった。フィルムカメラの愛用者は、ビッグイエローと呼ばれたコダックの黄色いパッケージを目にしたことがあるはずだ。

富士フイルムは、コダックの製品力と自社の市場シェア低下に危機感をもち、自社製品のコスト競争力および品質向上に努力するとともに、国内販売網を整備して流通末端まで自社製品を浸透させる戦略をとった。また、一九七六年からは、フィルム現像と焼付が自動化されひとりで操作できる小型の機械「ミニ・ラボ」の小売店への普及を進め、流通網を利用したミニ・ラボ用消耗品の供給など、サービス展開によってきめ細かく市場浸透を図った。

さらに富士フイルムのシェア拡大に拍車をかけたのが、手軽に写真が撮れ、どこでも売っている「レンズ付きフィルム」の市場投入である。一九八六年に、ブランド名「写ルンです」を発売し、大ヒット商品となった。観光地のおみやげ屋や駅の売店、コンビニエンスストアまで商品が置かれ、気軽に買って使うことができる状況をつくりだし、フィルム需要の拡大に弾みをつけた。この製品は、顧客層の拡大につながっただけではなく、販売ルートを制覇したことで富士フイルムの業績向上にも大きく貢献した。類似製品が市場に出回ったときには、すでに先行した富士フイルムの商品名が浸透していたからである。

世界の写真用フィルム市場ではコダックが最大手であり、最大シェアを獲得して超優良企業として君臨していた。しかし、一九八〇年代後半から九〇年代にかけて、コダックは医薬品企業などを買収し多角化戦略投資をおこなったが、成果を出すことができず、その損失を補おうとして研究開発や市場開発に資金を投入することがしだいに困難になっていた。コダックが事業再編の後遺症に苦しんでいた一九九〇年代、富士フイルムなど国外のメーカーがアメリカ市場に進出しはじめ、アメリカ本国でのコダックのシェアが切り崩されはじめていた。

富士フイルムが品質的にも販売量でも実績を上げてくると、コダックとの間に摩擦が生じはじめる。一九九五年五月、コダックはＵＳＴＲ（アメリカ通商代表部）に、日本のフィルム市場が閉鎖的であり外国製品に不利をもたらしてアメリカからの輸出を阻害していると主張し、通商法三〇一条による提訴をおこなった。当時のアメリカ市場は、コダック七〇パーセント、富士フイルム一〇パーセント、日本市場では、逆に富士フイルム七〇パーセント、コダック一〇パーセントと、ともに自国市場では有利な地位を占めていた。その他の世界市場ではコダック三六パーセント、富士フイルムが三三パーセントと、ほぼ拮抗していたことをみると、両社はそれぞれの母国市場において強く、相互に裏返しのような関係にあった。結局コダックは三〇一条下での制裁は求めず、WTOへ提訴したが、富士フイルムは根拠を提示して反論し、一九九八年一月のWTOレポートでは日本側の主張が認められ、決着した。

九〇年代に写真用フィルム需要が急成長していたのはアジア地域だったが、そこではコダックは対応の遅れから思うようにシェアを伸ばすことができず、対照的に日本市場での地歩を固めた富士フイルムは販売を拡大していった。富士フイルムは、日本国内市場でコダックとの競争に勝ち抜き、海外進出へとステップを進めていくのである。

二　技術変化への対応

わたしたちが何気なく使ってきた写真用フィルム上には、一〇〇種類ほどの有機化合物の物質がきわめて薄く塗り重ねられている。フィルム表面の二〇ミクロンの厚さのなかに一六〜二〇層もの薄膜を形成し、しかもその境界面では層間の混合がないようにつくられており、製造に非常に高度な技術を要する。つまり、最適な組み合わせで材料を合成する有機合成技術、フィルム表面に極薄の膜を形成し粒子どうしの結合を防止する乳化・分散技術、フィルム上に均等の厚さで塗装する技術、薄膜を重ねていく多層化技術などを組み合わせ、多様で高度な技術の結晶として製品が成立している。そのため、フィルム事業分野は、コダック、富士フイルム、アグファ・ゲバルト、コニカ（旧小西六写真工業）など主なメーカーは世界でも数社に限られ寡占状態にあり、上位企業は高い収益率を保っていた。たとえば、二〇〇一年度の富士フイルム（ホールディングス）の連結売上高は、約一兆四〇〇〇億円あり、そのうち写真用フィルムの売り上げは二割を占めていた。当時の営業利益約一五〇〇億円のうち三分の二を写真用フィルム関連の事業で稼ぎ出していた。それほどフィルムへの収益依存率は高かったのである。

デジタル化の衝撃

この状況が、二〇〇〇年を境に様変わりしていく。写真用カラーフィルムの需要は急速に落ちはじめ、一〇年後にはピーク時の一割ほどまでに激減してしまった。この激変は、当然富士フイルムの事業にも大きな影響を与えた。コア事業であった写真用フィルムの需要は毎年毎年二割を超える急減を示し、二〇〇四年には写真用フィルム需要が前年から二五パーセントのマイナスとなり、利益はゼロに近くなってしまった。写真用以外のレントゲン用フィルム、印刷製版用のフィルムの利益も同様に急速な落ちこみを示した。

この原因は、カメラが急速にデジタル化し、従来のフィルム需要が激減していったためである。富士フイルムでは、カメラをはじめとした記録媒体がフィルム方式からデジタル方式へ移り変わっていくことは十分に予見しており、準備も進めていた。そのための新たな製品や事業分野の開拓のための研究開発は、以前から着手していた。ただ、デジタル化による変化が予想以上に急速だったため、対応が追いつかなかったのである。

この影響は、富士フイルムの競争相手であるコダックでも同じであり、二〇一一年一月一九日、デジタル時代の到来を示す象徴的なニュースが世界を駆け巡った。フィルム・映像事業分野で圧倒的な世界シェアを誇り、一三〇年の歴史をもち名門企業といわれていたコダックが、アメリカ合衆国連邦破産法一一条（いわゆるチャプターイレブン、日本の民事再生法にあたる）の適用申請をおこなったのである。

最盛期のコダックは革新的な企業であり、一九七〇年代にはディジタル写真技術の研究開発に着手し一九七五年にソニー製の個体撮像素子（C－MOS）を利用して最初のディジタルカメラを開発するなど、技術開発では先行していた。一九七六年のアメリカでは、フィルム市場の九〇パーセント、カメラ市場の八五パーセントのシェアを誇る世界的なブランドだった[1]。それにもかかわらず、その後の市場変化に対応できず業績不振に陥ってしまったのである。

このような経過をみると、コダックは強すぎたゆえに本業の慣性から抜け出せず、写真フィルム市場にこだわりつづけたために事業転換が遅れたとしか考えられない。

何が明暗を分けたか

富士フイルム、コダックの両社ともにディジタル時代が到来することを予測し、準備していたにもかかわらず何が明暗を分けたのだろうか。

コダックは、一九八八年二月に製薬会社スターリング・ウィンスロップを高額（五一億ドル）で買収するなど、はやくからライフサイエンスへの進出を目論んで多角化を進めていた。しかし、モトローラ出身のジョージ・フィッシャーが経営トップを務めていた九〇年代後半に、なかなか収益の上がらない新規事業を相次いで売却してしまう。結局のところ、リスクが小さく確実に儲かっていた写真用フィルム分野に収益源を求めて回帰してしまったのである。

富士フイルム内部でも、一九七八年頃からディジタル対応の技術開発をはじめ、危機感をもって変化に備えていたものの、ディジタル化がこれほどドラスティックに進むとは考えていなかった。富士フイルムの分岐点となったのは、先に述べたように写真用フィルム需要のピークだった二〇〇〇年だろう。

二〇〇〇年に社長、二〇〇三年にCEOに就任した古森重隆（二〇一二年より会長兼CEO）は、危機感をもって大胆な投資と事業構造改革に踏み切った。二〇〇三年、国内販売網の要となってきた特約店を廃止、写真事業分野の人員五〇〇〇人の削減や現像所統合などを進め、事業組織をスリム化していった。二〇〇四年六月には、社長時代から二三年もの長期にわたって代表権を保持していた大西實会長が代表権を返上し退任、経営の刷新が図られた。

また、フィルム事業で蓄積したイメージングやナノ技術をもとに、経営資源を医療やライフサイエンス分野などの重点分野に投入していくのである。開発に時間がかかる分野や、自社だけでは不十分な技術分野に関しては、富士ゼロックス子会社化（二〇〇〇年）、富山化学工業の買収〔二〇〇八年ＴＯＢ〔株式公開買付〕による〕など、三〇件以上のＭ＆Ａを実施している。さらに化粧品、医療機器、液晶保護フィルム、ディジタルカメラなどへ事業を展開していった。二〇〇〇年に連結売上高の一九パーセントを占めていた写真用フィルムは、二〇一〇年時点では一・五パーセントまでに低下している。一〇年間という短期間のうちに富士フイルムの収益構造は大きく変化し、写真用フィルムは事業の中核ではなくなってしまっているのである。

富士フイルムとコダックを対比したとき、違いはいろいろと考えられるだろう。一般的に、新規事業分野というのは、従来の事業コアとなっていた分野とは考え方や技術基盤が異なり、評価基準も変えなければいけない。また、短期間のうちに収益を上げる状態までもっていくことは難しいことから、従来の事業からの利益を注ぎ込まなければならず、それが原因となって社内での圧力を受けることも多く、なかなか新規事業が軌道に乗るまで耐えられない。現在の事業で十分な利益を生んでいる古い体質の企業は、その慣性から脱しきれず新規事業への転換が難しい。組織構造もまた従来の主力事業に適応した形態になっており、その壁を崩すには大きなエネルギーがいる。それは、長期にわたって写真用フィルム事業で高い利益を上げてきた富士フイルムでもコダックでも同じだったはずである。よくいわれるのは、アメリカ企業と日本企業における考え方の違いである。株主重視型のアメリカ企業では、収益性の高い分野に集中して短期に利益を上げて株主に還元する方向を重視し、それができない企業は競争によって淘汰され新陳代謝が図られることで社会の産業構造が変わっていく。これに対し組織存続重視型の日本企業では、アメリカ企業に比べ株主の影響力は低く、意思決定は遅いが長期的視点からの投資や研究開発が可能で、多角化にも肯定的な面がある。しかし、もっとも大きな違いは、技術蓄積の姿勢と経営者の判断ではなかったか。

たとえば、富士フイルムの主力商品のひとつで、液晶画面の保護などに使用されているTAC（セルローストリアセテート）フィルムは、可燃性だった映画用フィルムを不燃性にしようと一九五四年に開発された。古森会長もこのTACフィルムを扱う産業材料部にいたことがある。写真用フィルムは利益が上がっていたのに対し、売り上げがそれほど大きくなく伸びてもいなかったTACフィルムは一九六五年の不況時に撤退の話が持ち上がっている。それから二〇年後、TACフィルムは一〇〇倍以上の売り上げ二〇〇〇億円に達し、世界シェアの七割を占める。現在では薄く透明で平滑なTACフィルムをドラム方式で二メートル幅の製品を生産できる技術が確立されており、なかなか他社が追いつけないという。このように技術を深く掘り下げ、製品に結びつけてきたことが指摘できる。二〇一二年六月に古森のあとを継いだ中島成博社長兼COOは、富士フイルムの技術について、製造現場もディジタル化していくなかでアナログの強さというのは絶対に残り、そこが日本企業のものづくりのうえでもっとも大切になると述べている。[2] 現場の暗黙的なノウハウを大事にすることが、日本企業の強みであり独自の製品品質につながる、というのである。高機能材料では、この言葉のとおり日本企業はまだまだ強い。

危機克服には技術だけでは不十分で、もうひとつの重要な要因はやはり経営者の大胆な意思決定である。「第二の創業」のスローガンで、改革を進めた古森社長（当時）は、写真用フィルムの事業ではなく印刷や記録メディア部門の営業畑出身であり、いわば非主流の事業部門である。古森は、二兆円近くあった内部留保を活用し、五〇〇〇人のリストラに一六五〇億円（二〇〇五〜〇六年）、二〇〇〇年からの一〇年間におこなったM&Aに約七〇〇〇億円、二〇〇六年四月に完成した「富士フイルム先進研究所」に約四六〇億円を投入するという、将来へ向けての巨額投資を実行している。[3] タイミングを誤らずに適切な決断をおこない、実行に移すには、やはりそのときのリーダーが重要なのである。ただし「強すぎるリーダー」は、その強さゆえにワンマンに陥る危険性も否定できない。そのときに組織は再び危機に直面するかもしれないのである。

◆注
（1）*The Economist*, 2014.1.14（インターネット版）
（2）『プレジデント』インターネット版、二〇一二年一一月二五日配信。
（3）『THEMIS』二〇一二年三月号。

（平田透）

ケース１－２

独自戦略の展開　ローソン

コンビニエンスストアの店舗数は、五万店を超え年間売上高約九兆五〇〇〇億円に達し小売業の中心的存在となっている(1)。店舗数だけではなく、高度な情報システムを駆使したサプライチェーンマネジメントと商品開発力は、世界のなかでも日本企業が最先端を走っている。この業界は、ニーズがめまぐるしく変化する最終消費者との接点であり、それだけに店舗間の競争は激しい。現在のコンビニエンスストア商圏の目安は半径五〇〇メートル、一店あたりの商圏内平均顧客数は二五〇〇人、約一〇〇〇世帯といわれ、好条件の新規出店余地は少なくなりつつある。本部の業績はよくともフランチャイジー（加盟店）の経営は厳しいチェーンもあり、新たな付加サービス展開の工夫や、契約満了とともにより有利な条件のチェーンへの変更などが目立ちはじめている。

二〇〇二年に三菱商事からローソンに移り、同社代表取締役社長執行役員、代表取締役社長CEOを経て二〇一三年に代表取締役CEO（二〇一四年五月より会長）となった新浪剛史は、社会変化の流れを読み、それに適した市場開拓を進めてきた。また、権限を積極的に移譲し、現場が考え行動する多様性のある組織づくりをおこない、他社とは一線を画した戦略により変化に対応しようとしている。むろん、これはひとりの経営者で可能になるわけではなく、組織成員やフランチャイズ加盟店との信頼関係の構築が不可欠である。

一　飽和市場での生き残り戦略

ローソンは、組織戦略面では、「考える現場」にするための権限を下部に委譲するとともに、人材の多様性を重視した人事を実現している。店舗展開戦略では、社会変化の流れを見極め店舗の質的向上と新たなサービス展開による潜在市場の開拓を展開している。

コンビニエンスストアでは、一九九〇年代までは若者、男性客が顧客の中心であり、女性客はあまり意識されてこなかった。本部社員もまた九割が日本人男性により占められており、男性視点からの店舗づくりがおこなわれていたのである。現在は、グローバル化の流れもあり、大きく様変わりしている。たとえば、ローソンの採用は、男性七割女性三割と男性優位だったが二〇〇五年の採用からは女性採用比率を五割とした。また、二〇〇八年から外国人留学生の採用に取り組み、採用人数全体の三割を目標に設定している。その背景にあるのは、発想の視点を多様化し組織の適応能力を上げることである。

新浪は、社長就任後それまでとは異なる新たな視点をローソンに持ち込み、それを具体化させた。鮮度管理が難しくそれまでコンビニエンスストアでは敬遠されてきた生鮮野菜の販売、ローソンセレクトと呼ばれるＰＢ商品の強化、一〇〇円ショップとスーパー機能をあわせもつ「ローソンストア１００」、女性を意識した「ナチュラルローソン」の展開などである。とくに、従来のブルーから落ち着いたバーガンディー・レッドにシンボルカラーを一新した「ナチュラルローソン」のコンセプトは、「女性を中心に「美しく健康で快適な」ライフスタイルを身近でサポートするお店」である。新浪は女性に目を向け、「高齢化社会で生産労働人口を維持しようとすれば、働く女性がさらに増えるはず(2)」と、「ナチュラルローソン」では、有機野菜や土壌改良により栽培したミネラル野菜、素材にこだわった惣菜、工夫を凝らしたデザートなど、女性向けの商品を充実させてきた。その効果もあり、現在ローソンの来店客のうち女性顧客が四

図1　チェーン全店売上高・営業利益率

出所：ローソンホームページ。http://www.lawson.co.jp/company/ir/highlight/

割を超えるまでになっている。

新浪の戦略は、海外店舗の採算性などまだ課題は多い。だが、業界首位で圧倒的シェアをもつセブン‐イレブンとは異なった方向で「コンビニ業界の常識を覆す」手を打ちつづけ、独自の経営を実践しながら、売り上げを拡大しつづけている（図1）。

二　組織多様性（ダイバーシティ）戦略

新浪は、絶え間なくイノベーションを実現していくためには、さまざまな個性や価値観をもった「人財」（重要な財産としての人）が、それぞれの力をフルに発揮できる組織が必要であると考えている。この背景には、従来のコンビニエンスストアの店舗数を拡張していくだけのコンビニ業界の方式では、もはや時代とともに変遷を繰り返す市場や消費者のニーズを満たせなくなってきたとの認識がある。新浪は、「人財」としての側面でも消費者としての面でも女性と外国人に着目し、戦略に組み入れている。

女性の重視

顧客の嗜好の多様化やアジア諸国を中心とした海外事業の拡大にともない、組織内「人財」に多様性をもたせ、現場が自律性をもって活動する組織に脱皮していかなければならないというのが、ローソンの社員採用における基本方針である。採用者の女性比率の拡大や外国人採用はそのあらわれである。

また、新浪自身は二〇〇二年の就任当初から、企業体として「もっと女性の力が必要だ」と訴え、多様性推進の必要性を強調してきた。ローソンの重要な戦略の柱が、さまざまな経営分野における女性の能力発揮、それによる生活密着型小売業としての機能強化である。経営会議やオフサイトミーティングなど、役員や社員とのさまざまな直接的な接点で、多様性推進の必要性についての問題意識をトップみずからが発信しつづけたことが、組織変革の大きな原動力となっている。旧来の採用慣習を変えようという地道な努力が実を結び、二〇一二年では、三〇歳未満の社員の三人に一人が女性社員となっている。そのうち二割が「ワーママ」と呼ばれる子どもをもつ女性社員で、この「ワーママ」たちはさまざまな顧客開拓や商品開発・店舗づくりを担う目的で立ち上げられた組織横断型「スマートウーマン推進プロジェクト」の重要なメンバーとして活躍している。男性とは異なる視点から潜在市場を開拓する試みであり、新製品開発や新たな形態の店舗企画に大きな役割を果たしている。育児休職した女性社員は、職場復帰後に半年から一年の期間限定でこのプロジェクトへ所属し、働きながら子育てをしている実体験を仕事に活かしていく。「スマートウーマン推進プロジェクト」の主な活動内容は、以下のようなものである。

①商品開発……働く女性の視点からのモニター実施、商品企画、具現化までを担う。オリジナル商品やローソンセレクトブランド、スマートキッチンの商品などに実績がある。
②売り場開発……女性視点での棚割提案。見やすく買いやすい売り場の構築に貢献している。
③社内外の意見収集……社内外の女性の意見を収集し具体的提案に結びつける。商品、サービス、接客、店舗雰囲気のレベル向上に寄与している。

そのひとつの成果は、ヤフーとローソンが提携する定期宅配サービス「スマートキッチン」

の運営にあらわれている。商品開発では、この「ワーママ」やほかの女性社員たちからの評価点が合格に達しなければ、新商品は出せない仕組みをつくりあげている。スマートキッチンは、「忙しいママを応援する定期宅配サービス」であり、二〇～四〇代の育児・家事や仕事で買い物に行く時間もなかなかとれない女性が会員の主力である。このような層のニーズ対応には、女性顧客の視点が不可欠であり、たとえば男性社員が否定的見解をもっていた「パクッと骨抜き魚スティック(3)」は、好調な売れ行きを示した。

ローソンの女性社員たちは、はっきりものを言い、そして真っ先に新しい企画や商品展開に対して反応する感性を備えている。このような特性から、最近女性社員のほうが新企画・新展開プロセスにおいて適切な発言をおこない、実行力も高いという事実が明らかになってきた。この背景について、大隅聖子理事執行役員は次のように説明する。「女性社員の目の付けどころがよくなってきたというよりも、いままで長きにわたって男性社会の市場だったのが、多様な市場に変化してくるにつれて、市場と女性目線がフィットしてくるようになってきたのでしょう。女性の所得が増えるにつれ、消費者としての女性市場がさらに成長し、自然に商品企画およびマーケティングプロとしての女性スーパーバイザーの活躍の場がどんどん増えてきているともいえます」と、女性の視点が重要になりつつあることを指摘している。

具体的な事例として、カット野菜のパッケージ改善がある。販売されているカット野菜を使用する場合、洗う必要はまったくないのだが女性は一度洗ってから使用する人が多かった。このようなことは男性はあまり気にしないだろうが、女性向けに商品の清潔さや安全性に対する感性に配慮したパッケージデザインに変更された。また、経営陣では取締役七名のうち二名が女性の社外取締役、四名の監査役のうち一名が女性である。取締役会では、女性の感覚・視点からの率直な意見が出されることで討論がさらに活性化し、コーポレートガバナンスにおけるモニタリング効果も顕著だという。

「Wインカム、2キッズ」

新浪は、少子高齢化で縮小する日本市場を活気づける起爆剤への戦略として、夫婦で働きながら、子どもをふたり育てようという、「Wインカム、2キッズ」を提唱している。女性が外で働ければ、税金も社会保険も納める、必然的に消費も増える。子どもがふたりいれば、さらに消費は増える。労働力人口縮小問題は、日本においては、まだまだ活用が進んでいない女性が働くことでカバーできる、と新浪は主張する。現在、ローソン本社では、四割近くが女性社員である。また女性スーパーバイザーは男性に比較して体力的に劣るぶん、マネジメント能力を活用し、加盟店オーナーたちをも巻き込みながら「みんなでやろう」という共感を引き出して時間単位あたりの生産性を上げているという。

ローソンの女性社員のうち、三三パーセント超は三〇歳未満の年代層である。彼女らは、現在では重要な戦力となっており、結婚や育児により離職していくのは会社にとって多大な損失である。育児休職した社員のほとんどは復職している。その背景には、離職回避のための人事戦略として、「育児休職した社員には必ず職場復帰してほしい」というメッセージを伝えつづけているということがある。育児休職中の社員には、ＳＮＳや面談によるコミュニケーションを欠かさない。また、育児休職中の女性社員が抱える職場復帰への不安を解消し、安心して職場に戻れるよう、環境に配慮した新職場復帰システム「スマートウーマン推進プロジェクト」を二〇一三年四月にスタートさせた。育児休職を取得した女性社員が職場復帰後半年から一年の期間限定でこのプロジェクトに所属し、働きながら子育てをする女性の視点で商品開発や店舗づくりを担当する。その後、休職前の部署に戻るという段階を経て、スムーズな職場復帰を図るのが目的だ。

また、目標として女性管理職登用を組み込んでいる。その背景には、女性の視点と感性を戦力化していかないと、もはや生活産業としてのコンビニエンスビジネスは成り立たないという判断がある。飽和状態といわれている日本国内のコンビニエンス市場であるが、ローソンは「これからまだまだ変われる」という柔軟性をもたらし現場をリードしていくひとつの方向として、女性の戦力化を位置づけている。

グローバル人材育成

ローソンは新卒の三割を外国人採用としており、社内では、彼らを「国際社員」と呼んでいる。国際社員を育てていくには多大な時間がかかるが、多様な考えのなかから新しいイノベーションを生み出していくためには不可欠だという。国際社員は、日本人採用者と同様に入社後数年は店舗で経営経験を積む。その過程では、国際社員と日本人社員の感覚的違いがあらわになる。日本人ならばなんとなく受け入れるようなことであっても、彼ら彼女らは理由を明らかにしてきちんと説明されないと納得しないのである。新浪は、顧客第一を徹底する小売業の接客面において、そのような感覚の違いの克服は国際社員を育成していくうえでもっとも難しい点であると述べている。(4)

その反面で、国際社員は加盟店オーナーからは意外に人気があるという。「はっきりものを言う」「日本発コンビニビジネスに感動して、学びたいという気持ちが強い」と、いままでになかったよい刺激を加盟店オーナーたちに与え、意識変革の効果をもたらしている。

多くの国際社員のOJT教育をおこなった経験のある現場の支店長は、「最初はコミュニケーションに時間がかかり、大変だった」と語る。いままで日本人社員ならば「あうんの呼吸」で曖昧にすませていた状況が様変わりした。国際社員のモチベーションを引き出すためにも、しっかりした説明をおこなうことから逃れるわけにはいかず、つねに説明責任とコミュニケーション能力が問われる組織へと否応なく変化せざるをえなかった。そのおかげで、多数の国際社員を抱えた支店長は、コミュニケーション能力（説明能力）が格段に上がり、女性社員からの受けもよいという。

このように机上ではなく、多様な「人財」から成り立つ組織で現場が中心となってものごとを進めていく感覚を養う経験を経ることは、まさにこれからの国際化へ向けたリーダー育成の必要条件であろう。日本市場の規模が縮小していく時代に、国内に閉じた組織では発展しない。アジアに目を向けグローバル化を成長のエンジンとしているローソンでは、それに対応した「人財」育成は非常に重要な経営目標である。「あうんの呼吸」では通じない組織環境においてリーダーシップをとれる社員が求められる。ローソンの支店長平均年齢が三〇代と、若手社員登用が多いため、多様な「人財」から成り立つ組織をリードしていく感覚や考え方の柔軟性が大きい点も、その方向を後押ししている。

三　常識を超える

新浪は、社長就任後すぐに、地方の店を見て回った。当初は、業績の悪い店舗は閉鎖し効率化を図ろうと考えていたという。しかし、狭い日本ではあるが、それぞれの地域によって文化や風土はまるで違うことに気づき、こんなにも千差万別な地域なのにコンビニ業界は均質な商品やサービスを提供している、という矛盾に疑問をいだいた。

チェーンストア理論は、均一化された商品やサービスを多店舗展開することで規模効果を発揮し、効率化を図るのが原則である。その場合、同じ土俵で強力なリーダー企業にまともに立ち向かえば、規模が大きく資本力のあるほうが有利となり歯が立たない。コンビニエンスストア業界トップのセブン-イレブンを展開するセブン&アイ・グループは、コンビニエンスストアだけではなく百貨店からスーパーマーケット、ドラッグストア、レストランなどを傘下にもつ総合小売業である。セブン-イレブンだけでも売り上げが三兆五〇〇〇億円を超えているのに、ローソンは約二兆円である（二〇一二年度時点）ため、コンビニエンスストア主体のローソンは総合力という点で不利である。

そこで、正面切って戦うのではなく新たな発想が必要になる。新浪は、ローソン着任当初コンビニエンスストア経営に関しては経験がなかったため、まずみずから店舗を見て回ることからはじめた。そこから、均一化されたチェーン店舗ではなく地域にあった多様な店の可能性を見いだした。また、さまざまな人の話を聞き[5]、考え、自分なりの経営方向を工夫した。しかし、それを社内から店舗オーナーまで浸透させるのは至難の技だった。

ダイエーグループ時代のローソンは、ひたすらセブン‐イレブンをベンチマークにして社員に努力を強いており、現場は疲弊していたという。フランチャイズの店舗オーナーは、もともと地域色が強く、本部社員に比べて非常に多様な「人財」であった。一方、地域適応を進め多様化していくと、チェーンとしての効率性が失われる危険性もあった。

新浪は、地域の特性に根差して店舗の品揃えを自在に変える戦略をとった。今後のグローバル展開を視野に入れると、日本とはまったく特性の異なった多様な市場に向けて、柔軟で革新的な店舗戦略が必要なのは自明の理であった。チェーンストア理論に忠実に行動すれば、「本部への中央集権」「単一商品大量仕入れ大量販売」で徹底した効率重視の経営となる。その常識を覆し、短期的効率よりも「お客様に喜んでいただきたい」という「そのマチにあった品揃え」

を現場に権限委譲しながら拡大してきた。効率化と多様性の同時追求の試みである。

経済的利益と効率性を優先してつくりあげた画一的な店舗展開を基礎とした小売業経営と、多様性を重視しかつ効率化を実現するとともに顧客に喜んでいただこうという経営のどちらが望ましく持続性を保てるかである。これはどちらが正しいかということではない。日本経済の高度成長期は前者の方式が追求され有効に機能したが、成熟社会に入ったいま、方向が大きく変わりはじめている。顧客変化と競争のなかでフランチャイズ加盟店の収益環境は厳しさを増しており、訪問して注文を聞く「ご用聞き」や、近隣への配送をはじめるなど新たなサービスを付加して生き残りを図る店舗もみられる。(6) どちらが未来において適合的かはこれから明らかになるだろう。

挑戦と失敗の許容

ダイエーグループ時代は、ローソンも加盟店に対してチェーン本部から強力な指導をおこなう中央集権体制を敷いていた。新浪は、社長着任後の一〇年間で、権限を委譲し自律的に活動する組織に変革させていった。その背景には、本部社員や店舗オーナーが当事者意識とモチベーションをもち、急速な環境変化に対し速やかに対応できる組織が必要だという考えがあった。

「地元密着店舗で勝てる構造」をつくりあげるためには、長年のあいだに染み付いた「指示待ち」体質を脱却し現場が考え実行する体制をつくりあげることを目指した。はみだしてはいけない大きな枠を付与し、あとは担当部署の判断でやってみろと、大胆な権限移譲、分権を進めた。新浪は、ローソンの強みを次のように述べている。

私たちに強みがあるとすれば、中間管理職を中心に、変化に対応する戦略をとにかくやってみようと実行する機動的に動ける社風が挙げられると思います。戦略を語るのは簡単ですが、それを柔軟に実行するのは難しいことです。

今の時代に最も重要なのは、考えて動ける組織であるということです。トップが戦略を考え、全社的に実行する。しかしやりかたは日々変わる。それをやりながら考えていく力のある、やれる人材をつくり、権限を委譲していくことが強みにつながるはずです(7)。

自分たちで考えて顧客に対応するためには、指示待ちではなくみずからいろいろな人の意見を取り入れ、多面的な視点から考え、最後は自分の判断で行動するようになることが求められる。新浪は、組織のなかに多様性と分権化した意思決定システムを組み込むことにより、迅速性を加味して競争のルールを変えていった。ただし、これはひとつ間違えば、全体の統一性を損なう危険も含んでいる。チェーンとしてどこまで分権化、多様化すべきか、どこを変えてはならないかは、絶妙なバランス感覚が要求される。無論、分権化と多様化のメリットも大きい。たとえば権限を現場へ重点的に委譲したことにより、ローソンの本社機能は大幅にスリム化された。全体の戦略は本社が打ち出しても、現場は多様なやり方でそれを実践する。そのなかで効果的な戦略は、本社が取り上げて広くほかの現場へ展開することにより、全体に波及させる。それによってつねに刺激的な「ゆらぎ」を組織にもたらし、革新を進めていくのである。

具体的には、四店舗を経営する本部と理念が共有できるオーナーを対象として二〇一〇年から開始した「マネジメント・オーナー制度（MO制度）」がある。彼らは、ローソン本部と戦略を共有し、経営店舗のトップとしてさまざまなアイデアを駆使して事業拡大と多店舗経営を実践する。本社はデータ分析や商品開発、経営コンサルティングに特化し、彼らをバックアップする。オーナーと本部の社員の間では、さまざまな相互作用が発生し、新たな知識創造の可能性が高くなることを狙っている。これは、成熟化したといわれている国内コンビニエンス市場と、業界の「巨人」セブン‐イレブンへのチャレンジであり、今後どのような方向へと事業展開がおこなわれていくのか注目すべき点である。二〇一四年五月からは、玉塚元一新社長が路線を継承する。

◆注

（１）「第三四回コンビニエンスストア調査」『日経ＭＪ』二〇一三年七月二四日付二面。
（２）「競争のプレッシャーが企業を強くする」『ダイヤモンド・ハーバード・ビジネス・レビュー』二〇一三年一一月号。
（３）骨を抜き、スティック状にカットした魚に下味をつけ、フライパンで焼くだけで食べられる商品。骨がないので子どもや高齢者にとって安全に食べられ、骨抜きやグリルの手間が省けつくるのも簡単というのが訴求ポイント。
（４）注２に同じ。
（５）新浪は、ローソン社長就任が決定した直後、挨拶を兼ねてセブン＆アイ・ホールディングスの鈴木敏文会長を訪れ経営に関する話を聞いている。
（６）「（四〇年前の）コンビニを始めたばかりの頃、酒販店や食品店に「これからは配達せずに済みますよ」と勧誘したものだ。これからは再びご用聞きの時代になる」（セブン＆アイ・ホールディングス会長鈴木敏文）、「進化するコンビニ（上）」『日本経済新聞』二〇一三年一〇月二九日付一三面。
（７）注２に同じ。

◆参考文献

聞取り調査　二〇一二年一一月一三日実施。今田勝之常務執行役員、大隅聖子理事執行役員。
新浪剛史「多様性が覆す〝常識〟　トップが語る経営教室」『日経ビジネス』二〇一二年七月二日号。

（中川有紀子）

コラム――冗長性

冗長性（redundancy）とは、組織の仕組みやシステムなどに何かあったときに、本来の機能が失われることのないようにする余剰を意味する。簡単にいってしまえば、無駄というか、普段は使わないが何かあったときのための余裕の能力である。たとえば、航空機の操縦系統は必ず複数あり、ひとつの系統が故障しても他の系統により代替できるようになっている。エンジンが複数あれば、出力に余裕をもたせることで一機が故障しても、残りのエンジンで飛ぶことができる。また、コンピュータのハードディスクに蓄えられている情報は、機械が故障をおこせば読み出せなくなる。紙に印刷された情報であれば、破けてしまっても破片をつぎあわせて復元できるが、ハードディスク上に0と1の電気信号で書かれている内容は人間の目ではまったくわからない。それを防ぐためにはバックアップディスクを置き、二重三重に記録をし、情報喪失の危険度を低くしておくのが原則である。

リスク管理のうえでは、ハードのシステムであれ組織であれ、日常的にぎりぎりの状態で仕組みを動かすのではなく、多少余裕をもたせる、すなわち冗長性を含んでいることがいざという場合には役に立つ。この観点からは、冗長性は単なる「無駄」ではないことになる。ところが、多く余裕をもたせて安全策を強化しようとすると、コスト増加が発生する。「万が一」という事態の発生確率と、コストの大きさとを勘案して、どこまで冗長性をもたせるかを決めなければならない。

二〇〇七年三月に発生した石川県の能登半島沖地震では、金沢と能登を結ぶ主要交通ルートの能登有料道路（二〇一三年四月から無料化され「のと里山街道」に名称変更）が寸断された。復旧には時間がかかるものとみられていたが、約一カ月後には仮復旧で迂回路を含めて全線通行可能な状態にこぎつけ、降雪期に入る前の一一月三〇日には全面開通した。県庁関係者の話によれば、大規模崩落一一箇所など被害が甚大であったにもかかわらず迅速な復旧が可能になったのは、以前の県財政に余裕のあったときに、将来の四車線化を予定して土地が取得されており、それが使えたためだという。もし地震発生がなければ緊縮財政の今日では、無駄使い、遊休資産として仕分け対象になっていたに違いない。このように、未来は不確実なために、どこまで冗長性をもたせるのかが難しいところである。

企業経営では、これが顕著にあらわれる。将来に備えて冗長性を高く保とうとすると、安心度は大きくなるがコストの負担が増し、利益が減少する。利益が減少すれば、ステイクホルダーである株主への配当に影響し、経営者の手腕が疑問視されかねない。経営におけるリスクについては、そもそも完全に予見することなどできない。だからといって、備えを怠るわけにはいかない。そこをどう判断するかだろう。企業組織では、ひたすら業績数値で管理しても、社員のほうは息が詰まってしまい活力や適応力が失われてしまう。スムーズに動く歯車には、「遊び」がある。潤滑油的な意味も含めて、組織ではある程度の無駄（冗長性）はやはり必要なのである。

第2章　グローバル化

世界は、交通手段の発達とインターネットの普及により確実に小さくなっている。いまや、日本企業の活動は、中小企業であっても好むと好まざるとにかかわらず国際的な市場を念頭におかなければならなくなってきた。ＴＰＰ（環太平洋戦略的経済連携協定）の動きをはじめ、国際競争は避けて通れない道であり、日本企業はそれにともなうさまざまな課題を克服していかなければならない時代に入っている。

東京オリンピックの招致活動でも話題になったように「おもてなし」という言葉に象徴される日本のきめ細やかなサービスは、世界でもトップレベルであるといえる。ただし、サービスは物理的な製品と特性が大きく異なり、形のないサービスはそれを提供する人に依存する側面が大きい。この分野における日本企業のグローバル展開は、まだまだ進んでいない。日本企業のサービスによる付加価値追求は、世界レベルでみても先行しているものの、具体的な商品化と国際展開における戦略という点では、方法論の確立も含めいまだ不十分な状況である。しかし、そこには困難ではあるものの、高い潜在的可能性がある。近年では、サービス・サイエンスという学問分野も注目されるようになりつつあり、研究も進みはじめている。

サービス分野において日本の企業がグローバルに展開している事例は、まだまだ限られている。国外では、日本的サービスを受け入れる土壌や価値観が育っておらず、まず現地の人材にその意義を理解させ育成するところからはじめなければならないからである。たとえば、接客サービスのレベルでは日本でトップといわれている石川県和倉温泉の加賀屋は、二〇一〇年台湾に分店を開業し日本的な旅館のサービスを提供しているということで話題になった。旅館業は設備投資産業であるとはいっても、サービスが重要であり、加賀屋の接客の意味を現地の従業員に理解させ定着させることができるかが重要なポイントである。他のサービス業で現在グローバルな展開をおこなっているといえるのは、四八の国と地域で教育サービスを展開している公文教育研究会、小売サービスとして近年海外でチェーン展開を進めている小売業各社ぐらいであろう。

本章では、小売サービスにおけるグローバル化のふたつの事例について記述している。第一は、化粧品メーカーでアジアを中心に販売店の国際展開を模索している資生堂である。化粧品は、物理的な商品だけではなく顧客へのさまざまなサービスや情報提供が重要であり、同時に地域の文化的な側面や嗜好により大きな影響を受ける。日本とは異なる状況のなかで、どのように販売網を構築し国外においてブランドを浸透させていったかを紹介している。第二は、いまは消滅してしまったヤオハンである。現在でこそイオンやセブン＆アイが積極的に中国を含むアジア全域に進出を図っているものの、以前は百貨店の海外店舗が多少あるぐらいで日系小売業の大規模海外進出はほとんどおこなわれていなかった。その時代に静岡を地盤としたローカルチェーンにすぎなかったヤオハンは、国内ではなく海外に活路を求め、ブラジルを皮切りに積極的な出店をおこなった。結果的にそれは失敗したものの、異なる環境に対してどのような対応を決断するのか、なぜ失敗したのかといった面で、そのプロセスから学ぶものは多い。とくに、成功談は多く聞くが失敗例について語られることは少ないため、いろいろな面で参考になるだろう。

日本企業のグローバル化には多くの課題があるとはいえ、国内の人口が減少していくことは避けて通れない以上、市場のシュリンクを克服し企業成長を図る選択肢のひとつとして、まだ成長余力のある海外市場進出はひとつの方向である。

ケース2-1

グローバル戦略の軌跡と挑戦　資生堂

一　資生堂のグローバル化

一四〇年前の一八七二（明治五）年、文明開化の雰囲気漂う銀座に、日本発の西洋風調剤薬局「資生堂」は誕生した。他の日本企業に先駆けて海外進出をおこない、一九二九年に当時は日本の領土だった台湾で事業を開始し、朝鮮半島を含む地域の販売網を築き上げていた。一九三六年には、アメリカ向け輸出にも着手していた。しかし、これらの事業は、第二次大戦によって中断を余儀なくされる。国際展開が再開されたのは、一九五七年の台湾資生堂設立からである。翌年には台湾現地での製品製造を開始した。一九六〇年にはアメリカのハワイ州で化粧品販売に着手し、六二年には現地に販売会社「資生堂ハワイ」を立ち上げている。六五年には資生堂コスメティクスをアメリカに設立、翌年には創業者の孫でありのちに資生堂の社長になった福原義春が経営責任者として着任し、アメリカ市場での展開を担った。さらに一九六三年にはイタリアに進出、翌年にオランダ、八〇年ドイツ、八六年フランスおよびイギリス、九九年ロシアと、ヨーロッパでの事業拡大を進めてきた。現在消費市場としての成長が著しい中国では一九八一年に製品販売を開始し、一九九一年に現地合弁会社を設立、二年後にはグローバル生産体制整備の一環として北京工場を立ち上げ、中国市場拡大へ向けた一歩を踏み出した。

現在、世界八九の国と地域で化粧品を販売している資生堂の売上高規模は六七七七億円（二〇一三年三月末時点、連結）、そのうち約四五パーセントが海外で、地域別内訳では米州一三・七パーセント、欧州一一・七パーセント、アジア・オセアニア一九・五パーセント（約一三二四億円）である。中国だけで約一三・七パーセント（約九〇七億円）を占めている。[1] また、グループ従業員四万八〇〇〇人のうち四七パーセントが海外で働く。

二〇〇九年、資生堂は、「日本をオリジンとして、アジアを代表するグローバルプレーヤーになる」というビジョンを掲げて、新たなる挑戦へと前進している。

二　OMOTENASHI（おもてなし）の心を中国に

資生堂は、早くから中国市場の将来性を見通し、グローバル戦略の要に位置づけてきた。その事業展開について過去三〇年の概要を振り返ってみよう。三〇年前の中国は、女性も人民服を着て、化粧をしている人はいなかった。そのなかで資生堂は、在中国外国人女性をターゲットに、当初は日本からの輸入製品の販売、次にトイレタリー商品の製造と販売に着手した。外資の進出規制が厳しかったなかで、一九九三年北京市との合弁会社を立ち上げて技術供与をおこない、八〇年代から一〇年間かけて地道に北京当局からの信頼を構築してきた。九七年には、北京につづき上海市で合弁会社を設立し、六万七〇〇〇平米の用地を購入して、立ち上げ期の相当の苦労を経て工場を設立した。立ち上げ当初は生産受注がなく、当時の現地責任者は、中国人従業員と一緒に、敷地内の草むしりをしたこともあったという。生産と販売の体制を整備してきた一九九一年から二〇〇〇年にかけての努力が実を結び、百貨店向けの中国専用高級ブランドとして販売してきたスキンケア製品の「オプレ（欧珀莱）」が市場で認知されはじめ、二〇〇四年八月のアテネオリンピックにおいて中国選手団の公式ブランドとして選ばれるまでになった。二〇〇七年には、上海工場だけでは生産が追い付かなくなり、三年後にベトナム工場を新設する。二〇〇一年以降は、合弁会社体制ではなく百パーセント子会社の資生堂中国投資有限会社を設立し、二〇〇三年からは化粧品専門店事業を本格開始した。二〇〇六年からは専用ブランド「ウララ」を設定してボランタリーチェーン展開を進めたが、日本と中国のサービス提供に対する考え方の違いに悩まされることにもなった。

中国展開において、前田新造代表取締役会長兼執行役員社長がもっとも心を砕いてきたことは、一店一店、資生堂のブランドとサービスを重視する店を大切にし、サービスレベルを上げることであった。日本で七〇年間つちかってきたチェーンシステム・ビジネスモデルを、中国沿岸部から内陸部に拡大していくのである。その必要なノウハウに関して日本と中国の橋渡しをおこなう主役は、日本から派遣されたビューティーコンサルタント（ＢＣ）であった。資生堂は、多額のコストをかけて日本人ＢＣに中国語をマスターさせるとともに、日本語を話せる中国人を東京で雇用し、中国人の人材育成体制を整えていった。日本から派遣されたＢＣは、接客技術をはじめとする販売にともなうノウハウ、その背景にある「おもてなしの心」の考え方を、中国人のＢＣに伝承教育しつづけてきた。以前の中国では、お客に商品を差し出すときに、片手でドンと商品を突き出したり、お釣りを投げたりしていた。日本人ＢＣは「お客様に気持ちよく商品を手に取ってみていただく」ために、両手で商品を大切に包み込みながら、お客様に笑顔で、心を込めてお渡しするように、中国人BCに根気強く理由を説明しながら繰り返し教えた。

日本人BCは、中国人BCに、根気強く「いかに、お客様である女性たちに美しく輝いていただきたいか、喜んでいただけるか」というおもてなしの心を、研修の過程で伝承していった。「お客様のお顔をそっと温かい手で包み込み、優しくマッサージをしてさしあげたり、お客様と一緒に鏡を見ながら、メイクアップして、どんどん美しくなっていくことを実感してもらう」というように、お客に気持ちよくなってもらうための心遣いをすることの重要性を強調した。単に商品を売るのではなく「おもてなしの心＝お客様とお店と資生堂の心と心のつながり」による良好な関係性を構築することで、長期的な利益となることを、現場での経験を通じて理解させようとしたのである。この努力は着実に成果を上げ、二〇一二年の「資生堂グローバルビューティーコンサルタントコンテスト」では、二〇万三〇〇〇名の参加者のなかから中国事業に携わる二名が最優秀賞に選ばれた。

資生堂の歴史のなかでは「おもてなしの心」を先輩から後輩、インストラクターから生徒へと伝えつづけることが重視されてきた。これをいま、日本から海外へと拡大し理解してもらう努力をつづけることにより、外資系化粧品会社では模倣が難しいきめ細やかな顧客密着型のサービスとして実現しようとしている。「OMOTENASHI」とはホスピタリティであり、一対多の「サービス」とは似て非なるものであり、一対一の人と人との関係性が存在する。それを、化粧品という製品と結びつけた総合的価値として顧客に訴求しようという試みであり、どうすれば高く評価されるのかについてはまだ手探りの面がある。

中国に進出して三十数年、資生堂は、事業活動だけではなく植林や希少動物の保護、小学校の建設といった地域貢献を地道に重ねてきた。時間をかけて活動してきた成果のひとつとして、資生堂の企業イメージが地域貢献面でも浸透してきている。従業員とその家族にとって、「尊敬される企業で働く誇り＝資生堂で働くことがステータス」との思いは、大きな忠誠心になり、離職率の低下にもつながっている。競合他社からの引き抜きも多い中国の労働市場のなかで、離職率の低下は教育訓練コストの回収や製造技術や商標などの知的財産権保護にも一役買っている。また、三〇年間つちかってきた先行投資による中国当局との強い信頼関係は、知的財産権保護のうえで大きな貢献を果たしている。

三　トップの決断が鍵

社長の前田は、変化が急速な環境下でグローバルなビジネス展開を進めていくには、たとえ十分な確信をもつことができないときであっても、タイミングを重視し果敢に決断すべきであると、次のように述べている。

長らく続いた高度経済成長時代には、世の中の価値観が大きく変わることもなかったから、波風を立てないことが評価を受けた時代もあった。が、今はグローバル化をはじめとして時代は大きく変わった。舵取りに迷う部分が圧倒的に増えてきた。反対派も当然いるが、時期を外さず、賛成・反対派とさまざまな議論を粘り強く行い、脅威やリスクをいかに機会に変えていくかの最後の決断はトップが行う。それをできるのは社長しかいない。六割での勝機があれば走ること。それが企業のバイタリティである。(2)

それを具体的に示したのが二〇一〇年のアメリカの自然派化粧品会社ベアエッセンシャル社

（ナスダック上場企業）に対し一八〇〇億円（一九・六億米ドル）で株式公開買付（ＴＯＢ）を実施したことである。当時の資生堂の連結売上高が六四四二億円だったことから考えれば、清水の舞台から飛び降りるような布石であった。社長の前田は、ベアエッセンシャル社社長と二〇〇八年から会談をつづけ、両社の経営哲学の一致を確認したうえでこの巨額買収の大決断をおこなっている。当時、二〇〇五年から二〇〇八年上期までは景気が良かったものの、二〇〇八年一〇月にリーマン・ショックが起き、その影響により二〇〇九年の売上高は六・七パーセントの減収となった。しかし、前田は、企業の成長は、機会をみずからの手で開拓していくしかないという、積極的な考え方をとった。そのうえで、このＴＯＢは資生堂にとって機能を補完・強化する効果があり、顧客と地域販売網獲得という意義と、それらにより資生堂がグローバル企業としてマルチブランドカンパニーへの飛躍につながることなど、プラスのシナジー効果を発揮できると見込まれると判断したことを強調した。前田社長は「百年に一度の危機の中でのチャンスである」と決断し、一二〇〇億円を銀行から借り入れて、買収を決断実行した。現在、ベアエッセンシャル社の営業利益率は三二パーセントと高い水準にあり、資生堂の連結収益の源泉となっている。前田は、「危機から開放されている会社はない、危機の連続の中でいかにチャンスを自らの手でつかんでいくかが経営でありリーダーの仕事である。あなたの会社がなくなったら、お客様は残念に思いますか?を基軸に、常に、自問自答している(3)」と語る。

四　企業理念としての「多様性こそ強さ」

女性の社会参加が進み、生活水準向上が著しいアジアにおいて、女性たちの「美しく豊かになりたい」という心をつかみながら、化粧品市場は巨大市場に成長しつづけている。その潜在力は大きいが、政治や経済変動によるリスクも大きい。

資生堂の中国事業成功の一因は、先発の優位性を活かしたという点にある。三〇年以上前に中国に進出したことにより、優良なビジネスパートナーを選定し合弁会社を設立することができた。資生堂は、進出当初はまだまだ未発達であった中国の化粧品市場を一から築かなければならないという大きなリスクを承知で、中国における事業展開の決断をした。未開拓の市場に真っ先に参入するというこの戦略は、他企業より先をいくことで顧客への浸透が可能という点で有利ではあるが、開拓し発展した市場を後発企業に奪われる可能性もあわせもつ。だが資生堂は、早期参入により、時間をかけて中国市場の特性を把握し事業ノウハウを収集できたとともに、優良な人脈を構築して現在につながる成功をおさめた。

早期参入と将来を見越した大胆な事業展開がもたらすメリットは、市場開拓にともなうコストとリスクは大きいものの、競合企業が進出する前に化粧品を使った経験のない中国人顧客にはじめて資生堂製品を体験させることで、ブランドの浸透が図られる点である。とりもなおさず必然的に「化粧品＝資生堂」という認識を植えつけられる。未開拓市場への積極進出は、予測できなかった事態に陥ることも多いものの、ここに大きな勝機があった。

いま、アジアの女性たちはこぞって美しく豊かになろうとしている。資生堂にとって市場規模二兆円ともいわれる中国市場は、アジアにおいて最重要の位置づけであることに違いはないが、二〇一二年秋からの反日世論拡大の影響を大きく受けて売り上げを落としたこともかんがみて、アジア全域での事業バランスを考えて今後の展開が見据えられている。今後は、中国のリスクを考慮し、アジア地域全体での売り上げバランスを考えた事業展開をおこなう方針である。二〇一四年にはインドネシアで新たに合弁事業を立ち上げ、香港系のドラッグストア企業などを通じて価格を抑えたハラル対応品を供給し中間層の開拓を狙う。

これからはもっとも大きな中国の六億人の女性をはじめとするアジアの市場を狙って、他の欧米企業との競争も激しくなるなか、資生堂はあくまで持続可能な発展に向け、他社とは一線を画して日本的サービスを重視した戦略展開を目指している。この数年、グローバル化に大きく舵を切ってきた資生堂は、二〇一一年に新しい企業理念、共有すべき価値観として「多様性こそ強さ」を掲げた。これまでの企業発展の延長線上にない未来を切り拓くためには、顧客、時代、経営環境の変化にしなやかに対応することができる、組織内の多様性こそが資生堂グループの大きな強みとなる、という理念が込められている。

前田社長は「多様性への対応こそ、グローバル経営を実践していくうえでの日本人、日本企業の克服すべき課題である」と考えている。彼は、社長に就任した直後、意思決定の場で多様な価値観を取り入れることが重要であるとの考えから、多様な取締役を任命した。現在の役員構成は、社外からの役員が一三名中八名おり、女性、外国人など多様な人材で構成されている。(4) 経営会議は、外国人がひとり入ることで、多様な視点が提示されるように大きく変わった。コミュニケーションは、日本的な「あうんの呼吸」のような曖昧さが減り、国籍や文化的背景の異なる相手にも理解できるようなしっかりした内容になるという副次的効果もあった。多様な社員が、多様なブランド商品を、多様な顧客に「ＯＭＯＴＥＮＡＳＨＩ」の心を込めてお届けする、それをグローバルな市場で展開できるかが資生堂の競争力につながると考えているのである。

化粧品のグローバル展開は、困難な要素が多い。人種による肌の性質の違いや習慣の違い、文化的・宗教的土壌によるニーズの差、国によって異なる法的規制などを考慮して、それに適合する製品開発と販売を進めていかなければならない。また、グローバル化により世界的な企業であるロレアル（ロレアル、ランコムなど）、Ｐ＆Ｇ（マックスファクター、ＳＫⅡなど）、ユニリーバ（ダブ、ラックスなど）といった巨大企業との競合も激しくなる。売上高規模と利益率の点では、これらの競争相手にまだまだ及ばない。成長市場とみられているアジア地域では、韓国ブランドの台頭も著しく、競争は今後激化していくことが予想されている。そこで勝ち抜くには、資生堂が掲げる高質のサービス・ノウハウと皮膚科学分野の研究成果蓄積を活かした新製品投入に加えて、国と地域に適合したどのような効率的販売システムを築いていくかがこれからの持続的発展の鍵であろう。それは、しばしばトレードオフの関係になりがちな多様性と効率性のバランスをどのように実現するかであるともいえる。

◆注

（１）資生堂『アニュアルレポート２０１３』。

（２）前田新造講演「15周年記念オープン・フォーラム「真のグローバル企業への道」」。

（３）同前。

（4）カーステン・フィッシャー取締役。ドイツ人で、ウエムラジャパン取締役社長、P&Gコーポレート・オフィサーなどを歴任し、二〇〇六年一〇月に資生堂常勤顧問、二〇〇七年一月に執行役員常務に就任した（資生堂ホームページによる）。

◆参考文献

伊藤邦雄『危機を超える経営――不測の事態、激変する市場にどう対応するか』日本経済新聞出版社、二〇一一年、二〇九-二一〇頁。

前田新造講演『「資生堂のグローバル戦略」――その軌跡と新たなる挑戦』東横学園大学現代経営研究会、二〇一二年一月一八日。

前田新造講演「15周年記念オープン・フォーラム「真のグローバル企業への道」」価値創造フォーラム21、二〇一二年一〇月二日。

資生堂『アニュアルレポート2011、2012、2013』。

（中川有紀子）

ケース2-2

グローバル化失敗からの再生　ヤオハン

現在、日本国内の小売業界は、合従連衡が進み、全国チェーンではイオン・グループとセブン&アイが拮抗する二大勢力を構成し、次いでユニーグループがつづく。過去において日本の小売業トップの座を占めていたダイエーは、二〇一三年八月、TOB（株式公開買付）成立によりイオンの連結子会社となった。日本の小売市場は、人口の減少と高齢化の進行によってしだいに縮小していくことは確実なことから、これらの有力小売業は中国や東南アジアなどの成長の余地が著しい新興国へ積極的に進出しつつある。

現在は話題にのぼることもほとんどなくなったが、一九七〇年代のはじめに、果敢に海外進出に挑戦した小売企業があった。当時、静岡県を地盤としていた中堅スーパーのヤオハン（商号は「八百半デパート」、以下ヤオハン）である。一九七一年のブラジルサンパウロに海外の第一号店をオープンさせ、それを皮切りに一九七四年シンガポール、一九八四年香港、一九八七年マレーシアおよびブルネイ、一九八八年台湾と展開し、一九九〇年五月にはヤオハン総本部を香港に移転させ、そこを足がかりに一九九五年には中国上海と、世界展開を進めていった。

日本は、一九九〇年にバブル経済が崩壊し、景気低迷に悩んでいた。明るい話題が不足していたマスコミは、積極的な海外進出を図るヤオハンを、日本発の「世界企業」と持ち上げていた。香港への総本部移転直後は、非常識だと批判的な論調が日本では多かったものの、天安門事件の影響から不動産価格が下落していた香港現地では大歓迎された。現地での事業は、順調にみえた。ヤオハンは、一九八四年から一〇年間で、香港に一〇店を展開している。しかし、その状況は長くつづかず、一九九七年にヤオハンジャパンが静岡地裁に会社更生法の適用を申請し、事実上倒産してしまったことで、関係する海外グループ会社へも波及し、資金難となって世界への事業展開は頓挫する。

海外に市場を求め飛躍しようというのは、戦略的な決断である。日本企業では、当初中小企業からスタートしたホンダやソニーをはじめ、過去にも多くの成功事例があった。しかし、小売業については、いまでこそ日本資本の企業が海外企業を買収する、店舗を開設するなどの事業展開が積極的におこなわれているものの、ヤオハンが進出した当時はいくつかの百貨店が海外店舗を出していた程度にすぎなかった。基本的に小売業、とくにスーパーマーケットは、大手全国チェーンと地域チェーンが並立している日本国内の状況をみてもわかるように、食品などは地域特性を色濃く反映した品揃えをおこなっており、地域の生活スタイルに密着した特性をもつ。海外進出する場合は、地域の文化や消費特性だけではなく法的な制度の違いや商品調達の問題などもあり、意外に参入障壁が高くリスクが大きいのである。

ヤオハンは、このような状況に挑戦したものの、最終的には失敗に終わった。ヤオハンの国内店舗は、その後紆余曲折を経てジャスコ（現イオン）の支援を得て、現在はマックスバリュ東海として再生している。

リスクをとって事業をおこなうことは、否定されるべきものではない。われわれの関心は、この成功と失敗の分岐点がどこにあったのか、もしくはどんな要因が成功と失敗を分けたのかである。ヤオハンが経営危機を迎えたときに、乗り越えられなかったのはなぜか、地方スーパーから世界企業への脱皮を目指したプロセスのどこに問題があったのかを、その後のイオンによる再建プロセスまで含めて考えてみたい。もっとも、その内容がすべて事実に沿ったものかどうかは、当時の直接の関係者以外にはわからないことが多々ある。しかし、少なくとも全体の経過をたどっていくことから、何か学ぶものがあるはずである。成功事例に比べ、事業の失敗事例の事実関係はなかなか明らかにならないのが常であり、その意味では貴重な情報だといえよう。ヤオハンについては経営責任者だった和田一夫の著書をはじめ、倒産後の経過を記した多くの書籍が出版されており、限られた範囲とはいえ実態をうかがい知ることができる。

一 ヤオハンの海外進出

ヤオハンは、もともと熱海にあった青果商「八百半商店」がはじまりである。一九四八年に株式会社化し、一九五六年から旅館中心の掛売を主力にしていた販売方式から一般消費者を対象にした現金販売に転換し、業績を大きく伸ばした。一九六二年に当時三三歳の和田一夫が経営を引き継ぎ「八百半デパート」に商号変更、チェーン展開を進めて静岡県を地盤とする流通企業に成長させた。和田の母親和田カツは、大人気となったテレビドラマ「おしん」のモデルといわれている。一九七〇年頃までには伊豆半島地域を中心に七店舗を展開し売上規模は三〇億円ほどまで拡大していた。日本国内では、この頃から小売企業間の競争が激化してきており、GMS（ゼネラル・マーチャンダイス・ストア）を主力とする大手小売企業が全国展開を進めていた。ヤオハンの地盤は、関西からはダイエー、関東からは西友など大手企業の進出により脅かされはじめており、地域のローカルチェーンでは資本力の点で対抗できなくなる可能性があった。

そこで現状を打破しようと和田が考えたのが、海外進出である。たまたま現地の知り合いから連絡があり、ブラジル出店の誘いを受けたことがきっかけで、一九七一年サンパウロ郊外に一号店となるショッピングセンターのオープンにこぎつけた。資金は海外経済協力基金から融資を受けた五〇万ドルをあてた。ブラジルの店舗は好調な業績を示し、三年後の一九七四年までには三店舗に増やした。このとき日本ではまだ一〇店舗にすぎない。同じく一九七四年、野村證券の仲介でシンガポールに出店、一九七九年にはコスタリカ、アメリカ、一九八四年には香港、その後八〇年代後半にはマレーシア、ブルネイ、台湾、タイと矢継ぎ早に出店し、拡大していった。

この間、一九七三年に発生したオイルショックのあおりを受けて、ブラジルのヤオハンは一九七六年に経営難に陥り撤退に追い込まれる。この原因は明確である。第一に、ヤオハンでは販売商品の約三割を日本からの輸入品で構成していたが、ブラジル政府が外貨獲得のために輸入品価格に対し約五倍の高関税を課したため採算がとれなくなった。第二に、店舗売上はブラジル通貨だが借入資金がドル建てであったため、対ドル相場の下落とブラジル政府の金利引き上げにより金利負担が大きく膨らんでしまった。第三に、年率六〇パーセントというハイパーインフレによって消費が落ち込むとともにサンパウロ市が日曜日の営業禁止令を出したため、それまで三割を占めていた日曜日の売り上げがなくなり大打撃を受けた。つまり、商品調達とキャッシュフローの行き詰まりである。

これ以降、ヤオハンは黒字だったシンガポール店をはじめ、アジア地域へと海外事業の重点を移していく。並行して、日本国内での地盤である静岡地域の強化のため店舗展開を図っていくことになる。問題は、急速な店舗展開をおこなうための資金調達であり、それを株式公開と社債発行によって進めていった。一九八二年名古屋証券取引所の二部へ上場、一九八六年に東京証券取引所一部上場を果たす。一九九〇年代に入ってからは、転換社債やワラント債の発行によっておよそ六〇〇億円の資金を集めたという。この資金をもとに、海外は香港、中国本土、国内では静岡県下での多店舗化を急速に進めていくのである。

二　香港における事業展開

一九八四年一二月、ヤオハンは大きな転機となる香港第一号店を開店する。当時の香港では、すでに日本の主要な百貨店が中心部繁華街に店舗をかまえていた。ヤオハンの立地は、これらとはまったく対照的に、香港政庁がベッドタウンとして大規模開発し、そのときはまだ街並みが整ってもいない郊外の沙田《シャーティエン》地区であった。この地区のディベロッパーとなった香港企業は、土地売り出しの目玉としてショッピングセンター誘致を考えており、その話がヤオハンに回ってきたのである。ディベロッパーが一〇年契約で中心部の三分の一の賃貸料を提示したこともあり、まだ海のものとも山のものともつかない立地条件にもかかわらず、ヤオハンは進出を決断した。この店舗が大成功をおさめたことにより、一九九五年七月までに香港・マカオに一〇店を開店していくことになった。しかし、いずれも香港資本の開発地への店舗誘致に乗った結果であり、沙田店以外は思ったほど収益が上がらず契約更改時の賃貸料上昇で業績は悪化していくのである。

一九九〇年、和田はヤオハンの総本部を香港に移転した。香港は、一九八九年の天安門事件の影響で経済は停滞状態に陥っており株式市場も不動産価格も下落していた。一九九七年には中国へ返還されることが決まっており、天安門事件から発した不安から人も資本も流出がつづいていた。そこへヤオハンの移転が持ち上がり、現地のマスコミでは大きく取り上げられて大歓迎を受けた。和田の判断は、香港は中国政府にとっても経済的価値が高い地域であり、株価や地価が下落しているタイミングだからこそ香港への本部移転により他企業に先んじてチャンスをつかめるというものであった。移転後まもなく香港島のコンベンションセンター最上階の二フロアを本社オフィスとして確保し、さらに香港上海銀行の会長が別荘として保有していたビクトリアピークに位置する豪邸「スカイハイ」を購入し、香港財界人の間では大きな話題となった。

和田は二〇〇億円の運転資金（和田の著書の記述ではヤオハンジャパンの保有株式による現物出資と個人の借入金合計で七〇〇億円）をもって香港へ移住し、それを原資にレストランや食品メーカーなどの吸収合併を進めた。二年も経たないうちに、そのなかの二社を香港株式市場に上場させている。一九九五年までに、香港ヤオハングループの持株会社ＹＩＨ（ヤオハン・インターナショナル・ホールディングス）を含め、合計五社を上場させた。香港での事業基盤にある程度見通しがついたことにより、次の段階としてヤオハンは和田の念願だった巨大市場中国本土への進出を図る。

三　中国市場進出

一九九四年四月、ヤオハンは消費動向を把握するために上海に日本製品を主力にしたアンテナショップを開くが、失敗しバーゲンで在庫処分をするはめになる。それでも、一九九五年二月、一階から一〇階までを売り場、上階をオフィスにしたビルを建設し、ヤオハン五五パーセント、地元の有力百貨店である上海第一百貨四五パーセント出資によるネクステージ上海がオープンした。場所は、当時交通不便で何もなかった上海郊外の浦東地区である。ヤオハンの戦略は、ネクステージ上海を中核に、二〇一〇年までに小型スーパー一〇六〇店をフランチャイズにより展開し、そこに対する商品開発と供給機能を上海ＩＭＭ（International Merchandise Mart＝国際卸売流通センター）が担うことになっていた。サプライヤーがＩＭＭに商品を集約し、大量購入によるコスト削減と物流効率化を狙うとともに、ヤオハンのプライベートブランド開発をおこなうことが計画されていた。いわば商品調達を担うＩＭＭが、小売ネットワークの重要な鍵を握っていた。ＩＭＭ構想は、輸入品依存度が高かったブラジルの失敗を教訓に、卸機能を整備し商品調達を安定させる仕組みとしてシンガポールから導入された仕組みである。

これには少し説明がいる。当時の中国は、輸出と輸入のバランスをとることが原則であり、輸入した商品を国内販売する場合は、それに相当する額の輸出をおこなわなければならなかった。加藤鉱は、「ヤオハン側は、輸入権を獲得するかわりに、ＩＭＭで輸出用の製品を作り、それを輸出して外貨バランスを保つというギブアンドテイク方式を打ち出したのだった。それこそが和田にとってのＩＭＭ展開の意義であった」「ただ、輸入はともかく世界に通用する輸出製品を中国国内で開発することは一朝一夕にできるものではない」と、アイデアの良さは認めているが、現実にはさまざまな壁があり事業化は難しかったことにふれている(1)。

ヤオハンの勢いに陰りがみえはじめたのは、一九九五年からである。持株会社ＹＩＨの連結業績が大きく下落し、とくに百貨店部門のヤオハン香港が赤字決算になった。香港第一号店で稼ぎ頭の沙田店が、賃貸料の上昇により店舗面積の縮小を余儀なくされ、収益力が落ちたことが原因だった。ネクステージ上海も、初年度売上は当初目標の三分の一ほどにとどまった。それにもかかわらず、一九九六年六月には一〇〇億円をかけてネクステージ無錫をオープンさせている。

借入金により莫大な中国投資をおこなったものの、事業はまだ軌道に乗っておらず、その投資回収がうまくいっていないためキャッシュフローが行き詰まってきたのである。それを裏づけるように、ヤオハンでは、保有していたコンベンションセンターの本社フロアやサービスアパートメントなどの不動産売却を進めていくことになる。

四　行き詰まり

業績の悪化は、しだいにヤオハングループの資金繰りを苦しくしていった。誤算はヤオハンジャパンの不振である。一九九五年の連結決算で赤字を計上、単独決算でも純利益は前年に比較して四割以上減少していた。バブル期に最高値三〇〇〇円をつけていた株価は、一〇〇〇円を割り込み、それとともに九〇年代に発行していたワラント債の初回償還期限が一九九六年一二月、社債の償還期限が翌年五月に迫っていた。この集めた約六〇〇億円の資金は、ヤオハンでSSM（スーパー・スーパーマーケット）と呼んでいた食品スーパーと総合スーパーの中間規模の店舗を名古屋から東京まで一〇〇店舗展開し規模拡大していく計画に当てられており、このときまでに一〇店舗ほどすでに開店していた。

このようななかで、和田は一九九六年四月にヤオハングループ総本部の唐突ともいえる上海移転決定を発表した。ＹＩＨの九六年決算では、純利益の低下に歯止めがかかっていないことが明らかとなり、投資家や銀行はしだいにヤオハンに対する不信感をつのらせていった。

ヤオハンジャパンでは、初回のワラント債償還を銀行からの資金借換により切り抜けたが、株価は一気に下落した。さらに、取引先に代金支払期日の延期を求めたことで、ヤオハンの経営不安の噂が広まり、一九九六年一一月には和田一夫の弟和田晃昌が務めていた社長を副社長だった四弟和田光正に交代、和田一夫自身も会長としてヤオハンジャパンの立て直しを図ることになった。同時期、香港ヤオハンでは迎賓館として使用していた豪邸スカイハイを売却している。

翌九七年からは、ＹＩＨおよびヤオハンジャパンの保有株式や店舗を相次いで売却し、得られた資金により負債圧縮に動いた。影響が大きかったのは一九九七年二月にヤオハンジャパンの店舗数の四分の一に当たる主力店舗一六店舗を、ダイエーグループの食品スーパーセイフーへ売却したことである。五月の社債償還資金調達と負債圧縮のためであったが、店舗の多くは借入担保物権になっていたため売却代金のほとんどが返済にまわり、社債償還には資金不足であることが判明した。そのうえ、店舗の売却により総売上が半減したことで、キャッシュフローはさらに苦しくなってしまった。これ以降は、ＹＩＨ、ヤオハンジャパンともに資産売却が相次ぎ、シンガポールやアメリカ、イギリスの店舗の売却や閉鎖に踏み切った。一九九七年九月一八日にヤオハンジャパンが会社更生法適用を申請したことで倒産が決定的になる。一時期はマスコミに海外進出の雄として持ち上げられ、順調な業績を上げているようにみえ、先駆者として評価されたかもしれないヤオハングループは、ここで終焉を迎えた。

企業経営に「もし」はないといわれているが、矢継ぎ早の海外出店とそのための有利子負債の増大は、どこかでバランスがとれなくなることは目に見えていたはずで、セイフーへの店舗売却前、一〇〇〇億円規模の売り上げがあった時点で会社更生法の適用申請をしていれば、まだヤオハンの名前を残して再建する道はあったのかもしれない。真実はわからないが、複雑化していたグループ間の信用保証や資金の流れによって、ヤオハンジャパンそのものも動きがとれなくなっており内部では手の打ちようがなかった可能性もある。良くも悪くもワンマン企業だったヤオハンでは、トップに異を唱える人材がほとんどいなかったことが戦略の誤りを招き、経営危機に陥ったともいえる。危機を認識し影響を最小限にとどめる対策をとるか、それとも現状のままで克服できるとするかを意思決定するのは、やはりトップの責任である。『静岡新聞』によれば、倒産時のヤオハンジャパンの負債総額は一八五八億円であった。

五　再　建

ヤオハンジャパンが会社更生法適用を申請した一九九七年九月から一カ月も経たない一〇月四日に、ジャスコ（現イオン）の会議で岡田卓也会長（現イオン名誉会長）がヤオハンの支援を決め、一二月一八日には事業管財人に選出されて再生手続きが開始された。セイフーに売却した熱海や伊東の大型店舗を含む一六店舗を除き、ジャスコが再生しようとする店舗は三九店舗（のちに三店舗を閉鎖）であり、マスコミでは引き受けるメリットはないという論調だった。現に支援決定のニュースが流れるとジャスコの株価は二割ほど下落した。

ジャスコから再建のために送り込まれた人員は五人のみであり、あとは残留したヤオハン社員とパートで対応するという厳しい状況だった。ジャスコから派遣され再生会社の社長となったのは、当時大阪デリカの社長を務めていた西岡明賜である。西岡は、このあとマイカルの再建にも社長として腕をふるい、イオンのドラッグ事業最高責任者、顧問を務めることになる切れ者である。西岡は、ヤオハンに赴任して状況を把握すると、まず店舗での販売を軌道に乗せるために、滞っていた商品の納入を取引先へ依頼し品揃えを確保することからはじめた。応じない取引先には、岡田が直接電話し取引再開を求めたという。

西岡の戦略は、ヤオハンでは曖昧になっていた店舗の位置づけを食品スーパーとしてはっきりさせ、食品の売上構成比を高めて回転率と商品の鮮度を上げ、営業利益五パーセント以上を確保していくことであった。それまでのヤオハンの方式を変えていくうえでは摩擦もあったが、インストアでの加工技術や利益管理の面での意識改革を進め、社員に自信をもたせるようにした。また、店舗ミーティングで経営数値をはじめ債務返済の状況まで情報をオープンにし、ひとりひとりに理解を促した。並行して店舗の改装も進めた（一九九八年だけで三六店舗中一五店をリニューアルしている）。情報開示の結果、業績が上がっていることが具体的な数値で把握され、それが社員のさらなるやる気を引き出すという好循環が実現された。利益が上向いてきたことから、あとは債務をどれだけ圧縮できるかが課題だった。いわば、本業に戻る形で現場を再建し、その一方で弁済額をどれだけ少ない額で確定させるかが焦点だったのである。

二〇〇〇年の三月に認可されたヤオハンの再建案は、期間三年、一般債権弁済率三パーセントというきわめて短期間のもので、債権者には厳しい内容だった。当初は一五年かかるとみられていた更生期間を三年に設定したのは、変革の激しい流通業界では何よりもスピードが大事だという岡田の主張による。この期間は、弁護士団とイオン（旧ジャスコ）のスタッフの努力でさらに一年早められ、二〇〇二年二月に更生手続きの終結を迎えることになった。

ヤオハンは、二〇〇二年三月にマックスバリュ東海に商号変更し、二〇〇四年には東証二部に株式を上場、二〇一三年二月期の決算では売上高一六七七億円の規模である。イオンは、金額的には新会社に五億円の資本注入をおこなったのみであるが、再建には岡田会長をはじめとしてかなりの努力を払ったとみられる。現在は、愛知から神奈川までの地域で店舗を展開しており、二〇一三年三月にはイオンキミサワを吸収合併し業容を拡大している。

六　変化する状況への対応

小売業をとりまく環境変化は速い。ヤオハンのあとは二〇〇一年にマイカルが経営破綻し、イオン（旧ジャスコ）の子会社となり二〇〇五年に再生手続きを終結して再建を果たしている（現在はイオンリテールと合併し店舗名称はイオンに統一）。そして一時期は小売業のトップだったダイエーが経営不振に陥り、産業再生機構の支援を受けてのち丸紅が筆頭株主、イオンの持分法適用会社になり、現在はダイエーの商号を残しながらもイオンの子会社となった。百貨店も合従連衡がすすみ、流通業界の地図はまったく様変わりしてしまった。

一般的には、ヤオハンの破綻は拡大戦略をとるあまり投資と収益回収のバランスがとれなかったところにあるといわれている。しかし、加藤鉱によれば、岡田の見方はまったく異なる。「ヤオハンが静岡という日本の中で最も競争のない地域で甘やかされてきた」ことが根源にあると、書かれている。(2) 日本の国内小売業は、大店法、百貨店法によって規制され守られてきたため、本格的な競争にさらされてこなかった。なかでも静岡は、静岡方式とまでいわれたほど厳しい出店規制により大型店の進出ができなかった地域であり、ヤオハンはそのなかでの事業成功を実力と勘違いして海外進出を夢見た結果失敗してしまったというのである。たしかに、ヤオハンの香港や中国本土での事業展開では現地の雇用慣行や商慣習を熟知しないまま、初回の成功に乗って利にさとい香港資本に利用されてしまったようなところがみられる。

イオンの前身ジャスコは、もともと二木、シロ、岡田屋という三社の共同仕入れ会社の名称であり、そのうちの岡田屋のモットーは「大黒柱に車をつけよ」である。これは、家の中心にあって本来動かすものではない大黒柱であっても、商売ができるところであればいつでも店を移転させるという臨機応変の心構えをあらわしている。イオンはバブル全盛期に土地投機をおこなわずに本業に力を注いでいたため、土地の値下がりによる損失を被っていない。イオンの岡田名誉会長は、会社が大きくなる過程で数多くの吸収合併と店舗のスクラップ・アンド・ビルドをおこなってきた経験をもつとともに、徹底した現場主義を貫いてきた。その経験の積み重ねが経営に活かされており、ヤオハン再生の際も全店舗に三度は足を運び、自分の目で状況を確かめたうえでさまざまな判断をおこなっている。

ヤオハンは、このような現場との接点、小売業の原点としての店舗における肌感覚を失っていたのではなかったか。和田は、マスコミの話題を呼んだビクトリアピークの豪邸や豪華クルーザー、黄金のベンツの購入も、香港資本との付き合いを深め事業を推進していくうえで必要なものであったと著書に書いている。たしかに、中国人経営者との付き合いのためには必要であったかもしれないが、どこかで現実認識を誤り小売業の本質を見失っていたのではないだろうか。最初のブラジルでの失敗により、地域に密着した特性をもつ小売業がカントリーリスクの影響を受けやすいことは身に染みて知っていたはずである。しかし、その経験は活かされず、撤退時期を逃してしまったことで経営危機を回避できなかったのである。ヤオハンの事例は、事業リスクはつねに存在するものの、いかにその発生を予防し影響を小さくするかということが重要かを教えてくれる。

◆注

（1）加藤鉱『ヤオハン無邪気な失敗』日本経済新聞社、一九九七年。
（2）加藤鉱『旧社名に未練なし——岡田卓也発ヤオハン復活プロジェクト』ビジネス社、二〇〇二年。

◆参考文献

加藤鉱『ヤオハン無邪気な失敗』日本経済新聞社、一九九七年。

加藤鉱『旧社名に未練なし——岡田卓也発ヤオハン復活プロジェクト』ビジネス社、二〇〇二年。

和田一夫『ヤオハン　失敗の教訓』かんき出版、二〇〇一年。

和田一夫『七十七歳からの再出発』ロコモーションパブリッシング、二〇〇六年。


（平田透）

コラム――リスク対応の考え方

日本では、東京や大阪など大都市への機能集中が進められてきた。とくに政府機能や企業の本社機能は、東京への集中度が高い。集中化すれば効率はよいが、さまざまなリスクの度合いは高くなる。誰でもわかることだが、このような場合、高度に集中化した都市部が大規模災害に見舞われると、国全体が麻痺してしまうことになる。そろそろわたしたちの価値観を根本的に変える時期なのかもしれない。

リスクの概念や枠組みは、もともとは一九三〇年代のアメリカにおいてリスク・マネジメント（Risk Management＝危険管理）の考え方が提起され、その後企業の経営戦略のなかに取り入れられてきたことで発展した。社会生活や企業経営は、さまざまな「リスク」をともなう。リスクのなかでもとくに影響が大きい大規模なリスクの事象（たとえば自然災害や世界大戦などの破壊的な影響を被る事態）への対応を「クライシス・マネジメント（Crisis Management＝危機管理）」と呼び、通常のリスク・マネジメントと区別されることもある。また、環境の激変などによる無秩序な混乱状態は、数学理論から派生したカタストロフィーもしくはカタストロフという言葉で呼ばれる場合もある。ただし、これらのリスクやクライシスという言葉の意味はかなり広く、使用する人によってもまちまちにとらえられており、さらに分野によっても異なっているため、統一された概念定義がなされているとは言い難い。

『リスク学辞典』（日本リスクマネジメント学会編集）は、「リスクとはある有害な原因によって損失を伴う危険な状態が発生するとき、（損失）×（その損失の発生する確率）の総和」であると定義している。これは、確率を科学的に見積もることができれば、リスクの計算ができ、具体的な損害が予測されることを意味している。事業の場合、利得が大きければ、リスクが存在していてもあえてそれを許容しつつ利得を追求することもある。このような例は身近に数多く見受けられる。交通事故の危険があっても便利である車を使う、損失を被る恐れが高いにもかかわらずあえてハイリターンのファンドに投資する、などである。これは、リスクにより発生するコストよりも期待されるベネフィットが高いことによる。

事業にかかわるリスクについて、経済産業省は次のように定義している。「リスクとは、組織の収益や損失に影響を与える不確実性(1)」である。この定義は、リスクをプラスとマイナスの両面の影響があるものとしてとらえている（ただし、マイナスの影響があるもののみをリスクと定義している場合もある）。また、経済産業省は、リスク・マネジメントを「収益の源泉としてリスクを捉え、リスクのマイナスの影響を抑えつつ、リターンの最大化を追求する活動」と定義している。そのうえで、事業リスク・マネジメントとは「リスクを全社的視点で合理的かつ最適な方法で管理してリターンを最大化することで、企業価値を高める活動」であり、危機管理とは「いかなる危機にさらされても組織が生き残り、被害を極小化するために、危機を予測し、対応策をリスク・コントロールを中心に計画・指導・調整・統制するプロセスのこと(2)」とする。

結局リスク・マネジメントとは、基本的にはリスク発生の可能性をきちんと評価し、リスクの発生を予防する（低くする）、もしくは発生しても影響が小さくなるような対応をとることである。リスクのなかでも予測が難しく発生時には破壊的影響を被るのがクライシスであり、クライシス・マネジメントでは事象による被害発生から復旧までをいかにうまくコントロールするかが重要になる。

ビジネスの世界では、リスクという言葉は非常に広範に使用される。市場リスク、信用リスク、投資リスク、といったように、保険・金融分野から製品製造、サービスまであらゆる分野に関係しており、それらに関する文献も数多く存在する。企業の事業活動におけるリスクは、受動的リスクだけではなく企業側がリスク選択できるものもあり、分野によって異なっているため複雑である。これらは、突き詰めれば事業に関係した事象によって、費用と収益の予期せぬ変動が経営に及ぼす影響度合いであると考えられる。リスクをとると同時にリスクを適切に管理していくことが、収益を上げ企業の持続性を保つために必要なのである。

現代社会は、さまざまな事象が複雑で有機的に結びついた関係性で構築された巨大なシステムである。その関係性は、時間経過とともにつねに変化していく「フロー」の状態にあり、個々の人間がそのすべてを把握して意思決定することはできない。企業の置かれている環境が流動的であればあるほど、予測が困難になり、さまざまなリスクやクライシスに直面したときに適切に対応できなくなってしまう可能性は高くなる。そのため、リスクを事前に予測し対策を講じておくことが重要なのである。経済のグローバル化は、市場を拡大していくだけではなく、さまざまなリスクも増大させていくことを忘れてはならない。

◆注

（1）経済産業省『先進企業から学ぶ事業リスクマネジメント実践テキスト』二〇〇五年。

（2）経済産業省『事業リスクマネジメント　テキスト　キーワード集』二〇〇四年。

第3章　M&Aの是非

Mergers & Acquisitions（Ｍ＆Ａ）は、一般的に企業の合併や買収により経営権を取得するもしくは譲渡する意味に用いられる。その手法には、合併、分割、事業譲渡などのほか、株式の交換や移転、分割、交換、公開買付（ＴＯＢ：takeover bid）などにより議決権を取得し経営への影響力を獲得することが含まれ、多様な手法がある。

合併や買収は、企業活動においてよく用いられる手法であり、それ自体はとくに目新しいものではない。この買収には、友好的買収と敵対的買収があるといわれている。友好的買収とは、買収される企業側の経営陣の同意を得ておこなわれる買収行為であり、日本企業がおこなう買収は、おおむね相互補完を目的とする傾向が強いという[1]。よく問題になるのは「敵対的買収」といわれる場合であり、この場合は買収する側が買収しようとする企業の経営陣や親会社の同意を得ずに株式を買い集めて過半数の議決権を握り、支配権を獲得することになる。商法の規定では、三分の一以上の株式を保有しようとする場合、原則として公開買付（ＴＯＢ）によらなければならない（時間外取引も含む）。そのため、買収する側は対象企業の株式の買い取りを公表し市場価格より高い値をつけて買い集めることになり、買収される側はそれに対応した対抗策を講じるのである。この敵対的買収を避けるために、株式持ち合いによる安定株主化が復活しつつある兆しもみられる。

企業買収を仕掛ける動機はさまざまである。第一は、自企業の事業多角化や技術の高度化、市場シェア拡大を目的とする場合である。第二は、買収した企業への経営支援などにより育成を図り、価値を高めて株式の上場益や売買差益を得る、もしくはもっと短期的には買収した企業の株式を関係者や第三者に高額で引き取らせる（Arbitrage、いわゆる「サヤとり」）、企業の含み益などに着目して資産や事業部門などを整理売却し差益を得る、といった目的である。「乗っ取り屋（レイダー）」「ハゲタカ」などと揶揄されるように、しばしば経営業績に比べて株価が低い企業や、潜在力は高いのに経営能力が低く十分に力が発揮できていない企業がこのような利益を目的とする投資ファンドの標的にされる。投資ファンドは、仲介手数料を目的に買収の仲立ち役を努める場合もある。これらは市場競争原理からいえば合理的であるものの、敵対的買収の形をとる場合にしばしば批判を受けるのは弱肉強食、利益追求の「強欲」的印象が強いからであろう。

本章では、企業買収・再生を戦略的な企業成長の手段として用いてきた日本電産と、ファンドによる買収の対象とされたブルドックソースの事例について記述する。前者は、技術獲得など新たな経営リソースの獲得を目的とした補完的買収により企業成長を果たしてきた事例である。後者は、一〇〇年を超える歴史をもつ日本企業の経営者が、ファンドのＴＯＢによる買収行動に対して対抗策を打ち出し、司法判断にいたったことで多方面から注目を浴びた事例である。それぞれの事例は、Ｍ＆Ａを否定的にとらえるか肯定的に考えるかにかかわらず、企業というものの存在について考えさせられる面がある。

◆注

（１）　たとえば、佐藤隆三『Ｍ＆Ａの経済学』ＴＢＳブリタニカ、一九八七年、二六二頁。

ケース3-1

戦略的M&Aの展開　日本電産

日本電産株式会社（以下、日本電産）は、積極的なM&Aと技術開発により成長してきた企業である。一九七三年に永守重信を中心に、数人の若いエンジニアによって精密機器の製造販売をおこなう企業として京都の地に設立された。創立者の永守が職業訓練大学校（現職業能力開発総合大学校）時代に、当時モーター設計の第一人者であった見城尚志と出会ったことが、小型モーター開発のきっかけとなった。卒業後、見城のいた音響機器メーカーティアックに勤務し、精密小型モーターの開発経験を積んだのち、精密工作機器メーカーの山科精機に転職しモーター事業部長を務めた。二年目には、その事業を子会社として独立させ取締役事業本部長についた。しかし、会社の経営方針と考え方があわず、一九七三年に四人の仲間とともに独立し日本電産を立ち上げた。

日本電産の事業コンセプトは「回るもの、動くもの」という駆動製品に経営資源を集中し、その分野で世界トップの企業となることである。現在、主力製品のスピンドルモーターでは世界市場の約八割を占める。

一　経営哲学

永守の経営哲学と、M＆Aによってグループ化した企業に対してそれを浸透させていくマネジメント手法には独自のものがあり、それが日本電産グループの求心力を保っている。日本電産という社名には、将来は日本を代表する企業、世界のトップ企業になるぞという永守の思いが込められている。創業当初は、人も設備も資金もなく、あるのは若さと情熱と理想、そして一日二四時間という時間だけであり、企業として生き抜いていくために志を高くもち、人の何倍も働くことだけであった。まだ工場もできていない段階で、永守は次のような「経営三原則」をつくっている。

一、企業とは社会の公器であることを忘れることなく経営にあたる。すなわち、非同族企業をめざし何人も企業を私物化することを許されない。
二、自らの力で技術開発を行い、自らの力でつくる、自らの力でセールスする独自性のある企業であること。すなわち、いかなる企業のカサの中にも入らない独立独歩の企業づくりを推進する。
三、世界に通用する商品づくりに全力をあげ、世界の市場で世界の企業と競争する。すなわち、インターナショナルな企業になることを自覚し努力する。

この創業当時のベンチャー精神は現在もそのまま維持されている。この経営三原則に加えて、「情熱、熱意、執念」「知的ハードワーキング」「すぐやる、必ずやる、できるまでやる」という「三大精神」も全社員に徹底されてきた。

二 「倍と半分の法則」の実践

独立した当時、永守は若干二八歳、京都・桂川の堤のそばにある染物工場の一角を借り、最小限の機械設備を備えてのスタートであった。資金も信用もないなかで、社員全員が営業・開発・製造を兼務し、どんな小ロットの注文でもどんな技術的な要望にも応じた。そのために人の何倍も働き、短納期で他社製品よりも性能が良く信頼性の高い製品をつくることを心がけた。

後発組の日本電産が競合他社に勝つため、永守は「倍と半分の法則」を実践した。それは、「他社が八時間働いているのであれば、われわれは倍の一六時間働き、納期は他社の半分にする」「人の倍働いて納期を半分にすれば、仮に一回目に納品した製品がダメでももう一回チャンスができる」と考えたからである。創業時は、サンプルづくり程度の細々とした営業と試行錯誤がつづいていたが、少しずつ取引先が増えていった。しかし、大企業系列に属さず、知名度も、社歴も信用もない零細企業にとって、情熱と頑張りだけで事業を開拓することは困難であった。新参の中小企業が日本国内で取引を拡大していくには、信用力の低さが障壁となっていたうえに、創業当時の小型モーター市場はまだ小さかったのである。

しかし、第一次オイルショックを契機に国内外の企業が省エネルギー化製品への関心を高めはじめ、家電などの工業製品を小型化・薄型化していったことが日本電産への追い風となった。なかでも企業成長のきっかけとなったのは、３Ｍとの取引契約の成立である。国内のマーケット状況に限界を感じていた永守は、一九七三年一二月にアメリカへ渡り、つてを通じてセントポールの３Ｍを訪問した。そこで、３Ｍが当時製造していたカセットデュプリケーター（カセットテープの高速ダビング装置）を小型化するために、小型精密モーターを求めていることを知った。即座に同じ性能で大きさを三割小さくする開発を約束し、翌年七月にはサンプルをもって再訪し、契約をとることに成功したのである。

この３Ｍからの大量注文をこなすために、永守は新工場の建設に入った。担保のない日本電産への貸し付けには難色を示す金融機関が多いなかで、ベンチャーキャピタルの京都エンタープライズ・ディベロップメント（ＫＥＤ）から融資を引き出すことに成功した。それが呼び水となって他の金融機関からも融資を受けられることになり、一九七五年二月に京都府亀岡市に新工場を無事完成させることができた。このときの社員数は、パートタイマーを含めても約三〇人にすぎなかった。

永守の営業活動が実を結び、アメリカ企業との取引が拡大しはじめると、製品をアメリカで眼にした日本企業からも注目が集まった。国内からも引き合いがはじまり、取引が増えるにしたがって、日本のメーカーや銀行の信用度も高くなっていった。

三　スピードが鍵

永守がアメリカ企業との取引において得たものは、市場と信用だけではなかった。一九七八年秋に渡米したとき、コントロールデータ社から、コンピュータのハードディスクドライブ用に新方式を取り入れたモーター開発を打診された。それがディスクドライブ方式のその後を決定づけた八インチＨＤＤ（ハードディスクドライブ）用スピンドルモーター開発のきっかけとなった運命的な出来事だった。コンピュータの小型化の流れは、記録媒体を大きく変化させつつあり、このスピンドルモーター開発のプロジェクトを成功させたことが、その後の日本電産を躍進させていった。

スピンドルモーター分野の開発競争は熾烈であり、コスト、性能、納期のすべてにおいてトップ企業となることは厳しい状況だった。日本電産は、そのうちの納期を最重視すると決め、開発に入った。永守は、いち早くサンプルをつくってユーザーに実験してもらい、その結果をフィードバックしながら開発を進めるという試作と改良のサイクルを何度も回していけば、結果的に優れた商品が生まれるだろうという仮説を立てていた。このまだ未成熟な状態の市場において主導権を握る決め手は、多くの無理な発注をこなしてきた経験から、何よりもスピードにあるという確信が導き出されていた。日本メーカーの多くは、モーターと精密回転軸（スピンドル）をベルトでつなぐ従来型のベルトドライブ方式による開発に取り組んでいたのに対し、永守は最初からモーターとスピンドルを一体化させた製品を目指した。この一年間に、持てる金と技術者のすべてをその開発に投入し、社の命運を賭けた技術開発をおこなったのである。この、回転軸とモーターを一体化しモーターでディスクを直接回転させるという現在のダイレクトドライブ方式は、一九七九年一〇月に八インチハードディスクとしてはじめて実用化された。同社のハードディスク用スピンドルモーターの開発成功により、ハードディスクユニットは画期的に小型化と高容量化が進み、コンピュータの記憶装置として急速に普及していくことになった。

スピンドルモーター開発の成功をきっかけに、日本電産は次々と精密モーターの小型化をリードし、飛躍的に売り上げを伸ばすことができた。ここでも永守は、あえて他社が避けて通る製品を選んだ。パソコン部品の市場は、高い市場シェアを獲得し、デファクト・スタンダードを確立した企業だけが十分な利益を上げることができる。しかも、高い技術を誇るフロントランナーには、しばらくのあいだは競争相手が存在しない。この開発のタイムラグを守れるあいだは、価格引き下げ競争に陥る心配もないからである。永守はこの頃の状況を以下のように述べている。

創業時に、家電製品などで大量に使われている中型モータの分野へ参入しようと思っても、競争が厳しくて相手にしてくれる（家電）メーカーはありませんでした。やむなく、納期が短くて、手間ばかりかかるために、他社が手を出さなかったコンピュータ用の精密小型モータの世界に飛び込んだのです。さらに、オイルショック後の省エネ化の動きとも重なり、すぐに注文が殺到するようになりました。技術面での筆舌に尽くし難い苦労もありましたが、強運にも恵まれたというのが正直な印象です(1)。

また、理念に示された強い独立心と切磋琢磨して成長しようという意識は、京都の地域特性にも支えられている。日本電産が本社を置く京都は、西陣の織物、東山山麓の陶器といった伝統産業の集積に加え、京セラなどハイテク分野においても新しい産業が生まれ、協業していることでも知られている。

四　戦略的M&A

日本電産の発展においては、戦略的なM&Aの展開が重要な役割を果たしている。コア事業で業界のトップの地位を維持しつつ、本業とのシナジー効果が見込める技術をもつ業績低迷企業に絞ってM&Aを実施してきた。その考え方の基本には、「回るもの、動くものすべてを手掛ける駆動技術製品の世界トップメーカー」となるために人材や技術、生産設備や販路を獲得し、開発の時間を短縮し企業競争力を強化するという狙いがある。

M&Aの積極的活用

日本電産は、創業直後の一九七五年、取引先であったブラシレスDCモーターの生産メーカーの倒産により債権の回収ができなくなり、連鎖倒産の危機に陥ったことがあった。永守は、そのメーカーに対し債権を放棄するかわりに、技術スタッフを自社へ移籍することを提案し実現した。それにより必要な技術力だけではなく得意先も獲得できた。技術シナジーからM&Aの良否を判断する視点をもつようになったのは、これがはじまりである。

実際にM＆A第一号となったのは一九八四年、アメリカのファンメーカーであったトリン社である。永守は、モーターの発熱を外部に逃がすファンを扱い、付加価値を付けることがモーター事業拡大には必要不可欠だと早くから認識しており、一九七五年から粘り強くトリン社と提携交渉をおこなっていた。日本電産は一九七八年に日本市場においてトリン社と合弁会社を設立し、小型流軸ファンの製造・輸入販売をおこなうことになったが、その後トリン社の業績はしだいに悪化し、一九八二年にはセラミック製品メーカーのクリーブパック社に買収されてしまった。クリーブパック社はファン事業をおこなう意図はなく、転売による売却益を得ようとしての買収であった。不安を抱いたトリン社の幹部たちは、事業を継続するために永守に買収を依頼してきたのである。日本電産としても、ファン技術は事業拡大には重要であることと、日本電産の経営スタイル導入によって建て直しを図ることは可能だと考えた。

クリーブパック社から提示されたトリン社の売却価格は一〇〇〇万ドル（当時約二五億円）であった。当時の日本電産の資本金は一億円、売上高は約四一億円（八三年三月期）の規模であり、明らかに支払い能力の限度を超えていた。永守は赤字企業であることを指摘し強気の姿勢で価格引き下げ交渉を繰り返し、約半年後には四八〇万ドル（当時約一二億円）まで引き下げた。永守は買収コストと事業収益のバランスを計算し、この価格であれば買収は十分可能であり、しかも自社とトリン社の技術融合による新製品を市場投入すれば短期間で投資回収できると判断した。一九八四年の買収成立後、すぐにニデックトリン・コーポレーションを設立し、旧トリン社の従業員や幹部、営業網や顧客を引き継いだ。

小型モーターの販売子会社である米国日本電産とトリン社を統合し、小型ファンモーターの製造販売を開始した。同時に日本電産の経営スタイルを導入し、「工場をキレイにする」「経営陣は社員より朝早く出社する」「従業員の出勤率を高める」などの日本的な組織改善を推進し、根気よく現場に浸透させていった。一九八六年度には日本電産と旧トリンの技術融合により黒字転換を果たし、現在では日本電産グループの中核企業のひとつとなっている。

人間関係の重視

一九八九年には、スピンドルモーターを製造する信濃特機を買収した。信濃特機は永守が創業以前に勤めていたティアックの子会社であり、スピンドルモーター分野では日本電産の競争相手であった。信濃特機を買収する前のスピンドルモーターの国内シェアは、日本電産が六〇パーセント、信濃特機が二五パーセントだった。

当時は、パソコンなどOA機器の市場が急成長していた時期であり、日本電産と信濃特機は熾烈なシェア争いを繰り広げていた。その状況のなかで、日本電産は企業が成長する際に直面するといわれるいわゆる「一〇〇億円の壁」をなんなく突破することができたが、信濃特機は壁に突き当たっていた。この違いのひとつは販売ルートにあると当時の営業担当者はいう。[2]たがいの技術力の差はそれほど大きくなかったが、決定的違いはユーザーニーズを把握し製品化するスピードにあった。日本電産は、直販体制をとっており、ユーザーに直接接してニーズを吸い上げ、製品に反映していったのに対し、信濃特機は商社を代理店として販売していたために対応が遅れた。

信濃特機は親会社のティアックの支援を仰いだものの、ティアック自身も業績が悪化しており、信濃特機の売却に傾きはじめた。有力な売却先としてミネベアがあがったが、従業員の扱いなどの条件が厳しかったため、決まらなかった。一方、日本電産にとって信濃特機はシェアを飛躍的に拡大するためにはなんとしても買収したい相手であったが、ミネベアの半分ほどの買収額しか提示できなかった。価格では勝ち目がないことから、永守はティアックで働いた経験を活かし、当事のティアック社長の谷勝馬の自宅に電話をかけた。谷は不在であったが、ティアック時代にお世話になった谷夫人と話し「信濃特機の従業員のクビを切らずに再建してみせる」[3]と説得した。最終的には金額ではなく、元社員としての人間関係に頼った永守の熱意が決め手となった。[4] 信濃特機はひとりも人員整理されることなく再建され、現在は長野技術開発センターとして、開発のスピード向上と高度化に貢献している。

社運を賭けたスピンドルモーターの開発と買収を成功させた日本電産は、その後、次々と精密モーターの小型化をリードし、業界一番手として飛躍的に売り上げを伸ばしていった。一九八〇年代後半の円高の時期、国内生産を維持しながらも大幅に業績を伸ばしていたのは「「大量に安く作る技術」と「新製品を連続的に開発できる技術」をわれわれが持っていた」[5] からだと永守はいう。この時期、「チャレンジ三〇作戦」と名づけた緊急施策を打ち出し、生産性の三〇パーセントアップとコストの三〇パーセント削減をわずか三カ月で成功させた。日本電産は、圧倒的なコスト競争力を武器に、猛烈な営業攻勢でシェアを拡大し、逆風となる円高を追い風に変えて、この時期に飛躍的な成長を遂げている。[6]

五　組織一体化の手法

日本電産はつぎつぎにM&Aを進めた。主なところでは、一九九五年にシンポ工業、九七年にトーソク、九八年にコパルならびにコパル電子への資本参加、東芝および芝浦メカトロニクスと共同出資による芝浦電産の設立など、新たな事業展開へのステップを驚異的なスピードで進めてきている。永守によれば、日本電産のM＆Aは、技術力はあるが業績悪化や後継者難に苦しんでいる企業を対象とする「救済型」であるという。買収して価値を上げ、そのあとに資産を切り売りするのではなく、技術の散逸を避け自社のもつ技術と融合させると同時に、永守流の経営方式導入により企業効率を改善するのである。

永守は、「赤字会社を買収するときの指針としているのは、技術力があるかどうかの1点のみです。極端に言えば、これ以外にどんな欠点があったとしても、それは大きな問題とは考えていません(7)」といっている。このことは、日本電産が買収した企業を運営する方針に大きく反映されている。技術力のある買収企業に対しては、経営陣や従業員の強制的な入れ替えはしないのを原則としている。従来の業務体系とコストの厳しい見直し要求によって彼らの意識を変え、行動を変えることによって、全体の関係を再構築し仕組みそのものをつくりかえて具体的成果につなげていくのである。典型的な事例は、三協精機製作所（現日本電産サンキョー）の買収から再建までのプロセスにみられる。M＆A自体も、決して急がず無理をせずじっくりかまえ、買収成功後は事業再生を目指すパターンである。

永守の企業再建の手法は、原則として人員削減や給与カットはおこなわないが、徹底したコスト削減からはじまる。製造コスト、設備コスト、仕入れコストなど、あらゆるコストの見直しをおこなっていくのである。人件費についても、労働時間の延長や出勤率の向上を図り、人件費負担率を引き下げる。同時に、具体的目標の提示とさまざまな実践活動を通じて、社員にコスト意識と自助努力の必要性を植え付けていくのである。買収後、永守は自分のポケットマネーで会食費を負担し、元三協精機社員との昼食会や夕食会を繰り返した。現場の問題を直接聞くだけではなく、みずからの経営の方向性を理解させ浸透させていくためである。最初は受け入れられなくとも、将来の見通しを示し徐々に数値に変化があらわれてくれば社員の意識は大きく変わるという。実践を通じて結果を出すことが重要なのである。

六　成長事業分野への積極進出

日本電産は二〇〇三年に旧三協精機製作所を買収したのち、二〇〇六年までM&Aを休止した。二〇〇六年一〇月二二日の記者会見で永守は、「しばらく休んでいたM&Aを再開します」と宣言し、フランスの大手自動車部品メーカー、ヴァレオから車載モーター事業を買収することを発表した。そしてこの分野に重点的に投資し、研究体制も拡大して最先端の技術開発を推進する方向を打ち出した。これは、二〇〇七年四月に発表した中期計画に示されていた、「事業の中核をＨＤＤモーターから車載モーターへと転換し二〇一〇年度には連結売上高一兆円を達成する」という目標実現のための布石であった[8]。二〇〇八年六月には仏ヴァレオと中国の上海実業交通電器との合弁会社を買収し、中国における生産・販売拠点を確保した。

また、二〇〇七年四月には、日立製作所の子会社であった日本サーボを買収した。これは、一六年にわたる接触の結果である。日立が上場子会社を売却したのははじめてのことである。日立の社長は、一九九一年に永守が最初に買収を申し入れてから売却を承諾するまでに、四代も交代していた。買収した日本サーボでは人員削減をおこなうことなく、永守自身が毎週生産現場に足を運び、社員との対話を深め、従業員のやる気を引き出していった。同時に、問題点を大小問わず洗いざらい表に出して改善に努めた。とくに、従業員には、三協精機製作所の場合と同じくコスト意識を植え付け、無駄な支出を削減することで赤字を減らす策をとった[9]。その結果、一年弱で再建を達成し、二〇〇八年一〇月には社名を「日本電産サーボ」に変更し、さらに本社を創業地の群馬県桐生市に移転した。これは買収時に永守が約束していたもので、「従業員の地元に貢献」するということと「発祥地から本社を移転するのはおかしい」という永守の持論にもとづく[10]。

円高も有利にはたらき、その後も海外モーターメーカーのM&Aはつづく。二〇一〇年一月にはイタリアのソーレモータース（Sole Motors、現日本電産ソーレモータ）を買収、同年八月にはアメリカの大手電機企業エマソン・エレクトリック（Emerson Electric Co.）のモーター事業部門（EMC）の買収を発表し、欧米における生産・販売拠点の充実を図った（現Nidec Motor Corporation）。これにより中型・大型モーター分野の製品ライン拡大と制御技術の獲得を見込み、モーター全分野での世界トップを目指している。さらに、同年一二月には、三洋精密（現日本電産セイミツ）のM&Aを確定させた。

二〇一一年は東日本大震災やタイの洪水の影響もありM&Aは不調だったが、二〇一二年以降は高速高剛性プレス機器のミンスターマシン・カンパニー（The Minster Machine Company、アメリカ）、産業用モーターのアンサルド・システミ・インダストリアーリ（Ansaldo Sistemi Industrial S.p.A.、イタリア）、商業用モーターのキネテック・グループ（Kinetek Group Inc.、アメリカ）の買収を成功させたほか、韓国のSCDおよび中国の江蘇凱宇汽車電器有限公司への五一パーセント資本参加を果たしている。これまでの主力分野である小型精密モーターだけではなく、今後新興国で需要拡大が見込まれる産業用モーターでの売り上げ拡大を目指しているが、これはGE、日立、シーメンスなどの巨大メーカーと競合する分野である。

七　経営の特徴

日本電産の特徴は、M＆Aによるシナジー効果を追及した成長の手法と、強烈な経営理念「永守イズム」の浸透によるまとまりである。とくに、M＆Aでは、強引で敵対的なやり方はとらず、買収までに十分な時間をかける。買収後も基本的には旧経営陣に経営をまかせ、人員の流出を回避することで見えない技術ノウハウを維持し、日本電産グループに組み込んでいくのが特徴である。社員の雇用不安を招かないためにも、体系的な知的資源の喪失を防止するためにも、人員削減をおこなわない再建は効果的な資源活用につながる、という考え方である。

永守は、技術力のある企業の経営不振の原因は「社員の能力ではなく、意識」[11]と考えている。永守は「私の（M＆A）は農耕民族型、時期が来るまでじっくり待ち、買ってからもいきなり人を切ることはしない」[12]といい、「資本の理論で昨日の友も食べてしまうような欧米流ではなく、経営陣、従業員を解雇しない「農耕民族型」が日本に適している。クビを切るのは経営者として最悪だ」[13]と断言する。そのため、買収前は技術力の有無や自社との技術面や取引面などのシナジーをじっくりと検証し、再建の可能性を評価するのである。

永守は「M&A五か条」として次の五点をあげる。(14)

・タイミングが来るまで何年も待つ
・人減らし、人件費のカットはしない
・いきなり高い目標を示し、意欲を高める
・個人筆頭株主になり、他の株主と痛みを分かちあう
・倒産企業は買わない

さらに、買収後は社員の意識改革を指導するため経営者が現場に足を運び、社員との対話や自身の目で問題点を認識して対策を講じる。現場では、3Q6S活動（3Qは、「社員」「会社」「製品」のクオリティを高めること、6Sは「整理」「整頓」「清潔」「清掃」「作法」「しつけ」）を徹底して実行させ、さらに社員の「出勤率」の向上を推進する。「（赤字経営の）責任の80%は経営者にある。（中略）一番大事なのは人だ。人のやる気を引き出すことに尽きる(15)」という人重視の姿勢を強調している。

日本電産の事業の戦略的特長は、次の三点である。第一に、技術・事業を「回るもの、動く

もの」を製品化するという総合駆動分野に特化していることである。技術蓄積もM＆Aも、すべてこの基本ドメインにおいて展開される。第二に、独自技術の追求である。どこよりも優れたものをつくるという姿勢や、省エネルギー化・小型化された製品開発などである。第三に、先行きを読み、M＆Aの手法を活用して時間的な限界を乗り越えることである。風土の異なる企業の統合は困難であるが、そこを経営理念の浸透により人材・技術・事業構造を強化していくことで競争力を高め、リーダー企業としての地位を維持している。永守は「市場の変化が誰にも見えるようになってから対応しようとしても、技術はすぐに開発できない。M＆Aはそんな時、時間を買う役割も果たす。だから、自社で事業を育てながら企業を変えていくことと、M＆Aで時間を買うことは、今後、成長の両輪になるはずだ[16]」と、自前の技術開発とM＆Aの組み合わせが重要であることを主張している。

今後の課題は、なんといっても「ポスト永守」の人材である。M＆Aにより獲得した企業を日本電産グループへ一体化するにあたっても、永守の個性が大きな役割を果たしている。日本電産の持続的な成長に関しては、永守自身が社内で一番危機感を感じており「もし私が経営から外れれば株価は半分になるだろう[17]」と推測しているし、日本電産の有価証券報告書では、事業に関するリスク情報の一項目に「永守の能力と手腕への依存」が指摘されており、彼が経営を離脱した場合には経営に悪影響を及ぼす可能性が明記されている。それに対する対策として、永守は集団指導体制よりは連邦経営体制を構想し「10万人規模の会社の経営は出来なくても2千人ならできる人はいる、各々の会社がリーダーを持ち自律的に運営することで本社に集約する場合よりもリスクのヘッジもできる[18]」、と考えている。また「後継者の条件は日本電産で10年以上働き、企業風土を身につけていること。社長を最低10年務めてもらうため就任時の年齢は50歳から55歳ぐらいまで」「何より重要なのは仕事が大好きで、良い意味の野心を持ち、常に挑戦し会社に変化をもたらせ続けることだ。日本人にはこだわらない[19]」として、外国人トップもありうることを示唆している。

しかし、組織の規模が大きくなれば、そこに権力が生まれ、権力はそれを固定化しようとする人間心理や組織観の壁、さまざまな思惑と派閥を生む。現在までは、それを永守という経営者の個性により乗り越えてきた面があるが、今後それをどのように発展させられるかであろう。

◆注

（1）永守重信『情熱・熱意・執念の経営』ＰＨＰ研究所、二〇〇五年、三〇頁。

(2) 日本経済新聞社編『日本電産　永守イズムの挑戦』日本経済新聞社、二〇〇四年、二四二頁。
(3) 同、二四四‐二四五頁。
(4)「あの日あの時私の金融史　日本電産社長　永守重信⑥」『日経金融新聞』一九九八年一二月八日付九面。
(5) 前掲『情熱・熱意・執念の経営』四一頁。
(6) 同、四二頁。
(7) 同、二四六頁。
(8)「カンパニー&ビジネス　ＨＤＤモーター覇者の新局面」『週刊東洋経済』二〇〇七年八月一一日号、一一〇‐一一三頁。
(9)「日本サーボ、1年で再建」『日刊工業新聞』二〇〇八年六月一〇日付九面。
(10)「日本サーボ、創業地・桐生（群馬）に本社移転」『日刊工業新聞』二〇〇八年六月六日付三面。
(11) 前掲「日本サーボ、1年で再建」。
(12)「Wide Interview　永守流Ｍ&Ａは「農耕型」」『日経金融新聞』二〇〇七年七月五日付一面。
(13)「２００８トップが語る　日本電産　永守重信63」『読売新聞』大阪版二〇〇八年一月一九日付一〇面。
(14) 前掲「Wide Interview 永守流Ｍ&Ａは「農耕型」」。
(15) 前掲「日本サーボ、1年で再建」。
(16)「新興国でシェアを取れ」『日経ビジネス』二〇一一年五月三〇日号、三八‐四一頁。
(17)「Big Interview　日本電産社長　永守重信氏」『日経金融新聞』二〇〇七年七月五日付八面。
(18) 前掲『日本電産　永守イズムの挑戦』二六六‐二六七頁。
(19)「どこまで攻める日本電産（下）」『日経産業新聞』二〇一一年三月一五日付八面。

（平田透）

ケース3－2

M&Aへの対抗　ブルドックソース

ブルドックソースは、一九〇二年に創業者小島仲三郎が食料品卸商三澤屋商店として事業を開始した。一九〇五年には、ソースの製造販売に着手し、商品のロゴにブルドッグが採用されていた。一九二六年には、会社名をブルドックソースと改名し、ソースになじみのなかった日本の家庭に浸透してきた。以来、ブルドックソースは一一〇年の長きにわたって日本の洋食文化を支え、売上高一〇六億円、従業員数二〇二名規模（二〇一三年三月時点）の老舗食品メーカーとなっている。

一　創　業

イングランド中央部、ウスターシャーに住むひとりの主婦が野菜や果物を香辛料や塩と一緒に壷に入れて保存しておいたところ、しばらくすると食欲をかきたてる美味しそうな香りの液体になっていたのがソースのはじまりとされている。その後、リー・アンド・ペリンス社によって、ウスターソースとして商品化される。

日本では、明治時代に洋食料理が定着しはじめていた。そんななか、ブルドックソースの前身である三澤屋商店は、日本人の口にあうマイルドな味わいあふれるソースを開発しようと試みていた。完成した独自のソースは、野菜や果実を使い、日本人にあう味わいに仕上がっていた。それは、創業者の小島仲三郎が洋食店を回り、調理師にレシピを聞き回ったすえに生まれた日本オリジナルの味だった。小島は三澤屋商店を創業する前、食品卸売業に勤めていた。野菜や果物、スパイスなど各種の原材料の調達には、小島が食品卸売業時代につくったパイプが活き、ブルドックソースの高い品質につながった。

ソースが日本国内で広まりはじめた大正末期、ブルドッグがペットとして人びとに愛されていた。「ブルドックソース」の名前には、ブルドッグのように日本人から愛されるようにという願いが込められている。なおブルドッグは、ソース発祥の地であるイギリスでも、頑固ともいえる忠実さからイギリス国家のシンボル犬として評価され、広く愛されている。

一九二三年、自社ブランドを確立し商品販売が軌道に乗った時期に、関東大震災が関東地方を襲った。ブルドックソースは震災で店舗と工場を失い、ゼロからの再スタートという苦境を味わうこととなる。ただし、震災に遭った際にソースのレシピだけでも持ち出せたのは、唯一の救いだった。ブルドックソース全社員の猛烈な復興への意欲は、震災から三年後に震災前の生産水準に戻る快挙へとつながる。

二　チャレンジ精神

昨今、健康志向は、食品市場におけるひとつのブームといってよい。それにともない、高カロリー食品を敬遠する傾向がみられ、揚げ物メニューの食卓出現頻度は確実に減少している。しかも調味料の市場規模がそれほど拡大していないにもかかわらず多様化が進んでいることから、ウスターソース類の市場は縮小傾向にある。

ブルドックソースは、できるだけ手間をかけずに美味しいものをつくりたいという主婦の間で、簡便な万能調味料や万能だれへの関心が高くなっていることをマーケティング調査でつかんでいた。

二〇一二年八月にブルドックソースが発売した「うまソース」は、肉じゃがや煮付けなどの和食の味付けができるイノベイティブなソースである。「うまソース」は料理にかけて使うだけでなく、キッチンで調理にも使えるソースとして新たな機能を発揮する商品と銘打たれ発売された。牛肉、豚肉、鶏肉、ハンバーグやしょうが焼き、鶏の照り焼きなどに「うまソース」を混ぜるだけで美味しく仕上がるすぐれものである。この魅力を効果的に顧客へ訴求するために、商品パッケージのシールに具体的な調理名とレシピを書き、使用方法を消費者にわかりやすく提示する配慮もほどこされている。

ブルドックソースは創業一一〇年を超える老舗企業でありながら、伝統の味「ブルドックソース」の開発だけに終始する守りの姿勢はとらない。多様に移り変わる消費者ニーズを的確につかんだ商品を投入するなど、市場を自身の手で切り拓くチャレンジ精神は、現在でも脈々と受け継がれている。

三　ＴＯＢへの対抗

このブルドックソースが、投資ファンドによる株式公開買付（ＴＯＢ）を仕掛けられた。二〇〇七年五月一八日、投資ファンドであるスティール・パートナーズ・ジャパン（以下、スティール・パートナーズ）は、ＴＯＢの公告および関東財務局長宛に公開買付開始届を提出、同二五日にはブルドックソース側が意見表明報告書を提出した。スティール・パートナーズは六月一日に回答報告書を提出、ブルドックソース側は同月七日に取締役会を開催して公開買付反対を決議し、定款の変更手続きを経て新株予約権無償割当をおこなう議案を二四日開催の株主総会にかけることとした。当時のブルドックソースの年間営業利益は約七億円、対抗策としての新株発行費用や弁護士費用などによる出費は、推定一億円を超すといわれ、負担の大きさを懸念する声もあった。

スティール・パートナーズ側は、このＴＯＢにはみずから経営する意図はなく「ブルドックソースが日本市場でしかビジネスをしていないのなら、世界の家庭に行き届くような販売網を築く手伝いをしたい」(1)と説明していた。だが、株を買い集めて高値で関係者に買い取りを迫るグリーンメーラーではないかとの噂も立っていたこともあり（スティール・パートナーズはこれを誤解だと否定している）、ブルドックソース側では議決権の多数を握られては企業としての価値評価が損なわれるとして、買収防衛策に踏み切ったのである。

この背景には、日本市場への外資参入規制緩和政策がある。二〇〇七年五月に会社法の改正がおこなわれ、いわゆる三角合併(2)が解禁となったことで、外資系企業による日本企業の買収が容易になった。スティール・パートナーズは、以前から「地味で割安な優良企業の株式を取得し、対象企業の株価を高めて売却益を得る」という方針のもとで、ブルドックソースをはじめ、明星食品、サッポロホールディングス、ハウス食品、江崎グリコ、キッコーマン、日清食品などの食品メーカーの株式を取得してきた(3)。知名度が高い商品ブランドをもつメーカーで、まだ市場評価額が割安なレベルにある株式を取得し、経営改善により価値を高めて資金的余裕のある企業へ売却するという戦略である。スティール・パートナーズがブルドックソースの株式大量保有報告書を提出した二〇〇二年一二月時点では、総株式数の一〇・一四パーセントを取得していた。

池田章子ブルドックソース社長は、TOBに対する徹底抗戦の方針を決め、二〇〇七年六月七日の取締役会で公開買付に反対し、新株予約権無償割当議案を株主総会に提出することを決議した。同月二四日に開催された株主総会ではTOB対抗策の発動に対する圧倒的多数の賛成（株主議決権の八八・七パーセント）を背景にこの議案を可決し、企業法務の専門家の協力を得てその後の法廷闘争を闘った。買収防衛策を発動し、日本ではじめてそれを認める最高裁の司法判断が得られたことで、多くの注目を集め賛否両論の論議を呼んだ。

四　経過概要

ブルドックソースでは、社長を中心にMBO（Management Buy Out）などさまざまな対抗策を検討していた。最終的に用いられた買収防衛策は、新株予約権無償割当であった。株主総会の決議にもとづき株式一株につき三個の新株予約権を割り当てることとし、スティール・パートナーズおよびその関係者は非適格者としてこの予約権を行使できないという行使条件がつけられた。ただし、スティール・パートナーズ側がもつ新株予約権は、ブルドックソース側が公開買付価格の四分の一相当の対価を支払って取得するとされていた(4)。

スティール・パートナーズ側は、ブルドックソースの取締役会決議を受けて、この新株予約権無償割当は、株主平等の原則に反しており著しく不公正であると主張して、二〇〇七年六月一三日に東京地方裁判所に差し止めの仮処分を求めて申し立てをおこなった。同年七月九日、裁判所は抗告を棄却した。その後、この件は最高裁まで争われるが、最終的にはブルドックソース側の買収防衛策を認める司法判断が下されて終結した。最高裁の判断は、新株予約権無償割当がブルドックソースの企業価値毀損を防ぐためには必要かつ合理的な対策であり、株主平等原則には違反せず著しく不公正でもないというものであった(5)。

五　課　題

東京高裁は、スティール・パートナーズが成功報酬獲得を目的にみずからの利益追求を最優先しているとして、濫用的買収者と認定した。最高裁は、買収側が濫用的買収者にあたるか否かの判断を表に出さず、株主総会における多数株主の判断を尊重する結論を導いた。おおむね東京地裁が示した枠組みに沿った内容であった。

判決が妥当かどうかについては、賛否両論がある。敵対的買収への防衛策が認められたという点では、大きな意義があると評価する論調が強かった。その反面で、株式公開企業であれば株価により市場の評価を受け、株の保有主はその出資の限度内での責任を負い元本保証はされないため、買収や合併による企業再編は成長分野への資金移動を促して経済のダイナミックな新陳代謝を促進する面もあり、全面的に否定されるべきものではないとする意見もある。

日本では、企業の買収合併といえば、従来から友好的買収のパターンが多く、敵対的買収に関してはあまり経験がなかった。今後のグローバル化の進展にともなって国の間に存在するさまざまな障壁が取り払われ、敵対的買収のパターンも増えてくると考えられる。そのときには、あらためて会社の存在意義、形態を考えてみる必要があるだろう。そもそもストックホルダー（株主）の利益最大化のためだけに会社が存在しているのであれば、さまざまな産業が株式会社として存在する必要はない。儲かる産業のみを株式会社とし、そうでなければ国や自治体や個人などが運営すればよい。ブルドックソース訴訟の判決文においてストックホルダーだけでなくステイクホルダー（利害関係者）の権利を確保することも重要である、と東京高裁は結論づけている。この判決は、そもそも企業経営とは株主の利益最大化だけでは不十分であり、社員や経営者や債権者や顧客や仕入先などの利害関係者の利益も適宜慮りつつ企業運営すべきであるといった、企業の社会的責任論に通ずる議論を提示しているといえるだろう。

ストックホルダーからステイクホルダー重視へという発想は、アメリカから日本に導入された思想である。しかし、そのステイクホルダー重視の経営思想が、アメリカのアクティビティ・ファンド（株を大量購入し企業価値向上をはたらきかける投資機関）を一刀両断するための論理として日本で機能したのは皮肉なことである。その是非はともかくとして、M&Aは今後さまざまな形で展開されていくことが予想され、企業経営において考慮しておくべき重要な要因となりつつある。

◆注

（1）「サッポロに役員派遣も」『日経ビジネス』二〇〇七年五月二一日号、六 - 一四頁。

（2）三角合併とは、ふたつの企業が合併する際に、消滅企業の株主いわれに対して存続企業の株を交付するのではなく、その親会社の株式を渡す方式をいう。これにより外資系企業は、日本にあるみずからの子会社と日本企業の合併に際し、必要な資金の額を低くすることができるようになり合併における資金負担が軽減された。

（3）「米系ファンドが虎視眈々と狙う食品メーカー再編劇の〝画餅〟」『週刊ダイヤモンド』二〇〇五年一二月二四日号、一四 - 一五頁。

（4）新株予約権一個につき三九六円の支払い。公開買付価格は一株一五八四円。ブルドックソースがスティール・パートナーズに支払った金額は二〇億円を上回る。

（5）最高裁二〇〇七年八月七日第二小法廷。

◆参考文献

『ブルドックソース会社案内』二〇一二年七月発刊。
小山修「日本型経営の企業統治とM＆A最新事情」『産研論集』第三五号、二〇〇八年、三一－四二頁。

（成田康修）

コラム――合併、買収と組織の一体化

企業の合併や買収は、別段珍しいことではなく事業活動における一般的手段である。それも、投資ファンドのような価値を高めて売却し差益を得ようとする目的とは異なり、新たな事業分野の開拓や競争力向上を実現しようといったように、本業と関連しておこなわれる場合には、時間の節約や事業のスケールメリット追求、相互の機能補完による企業力向上のために実施されることもある。

企業の統合、とくに大型合併といわれるような事例の場合、重要な課題のひとつは合併前の組織がもつそれぞれの企業土壌の違いをどう克服するかである、いわゆる「組織文化」をどのように融合させ組織の一体化を図るかは、組織の活力を左右する。もし、それがうまくいかないと、同じ組織内に合併前の企業ごとに派閥が形成されるなど、摩擦を生む要因となってしまう。基本的には所属社員の意識の問題なのだが、ある組織環境に染まった人間に、

いきなり考え方を変えろといっても難しい面がある。

克服手段としては、合併する企業のうち、ある企業の圧倒的な力で他の企業を飲み込んでしまうという方法がある。これは、きわめてドライなパワーバランスにもとづく考え方といえるが、調和を尊ぶ日本人にはあまりあわないようだ。また、合併して組織が一体化したあとも、妥協案的に人事や昇格などでそれぞれの企業に配慮する仕組みを残すことがある。いわゆる「たすき掛け人事」のような方法がとられる場合であるが、これも一見バランスをとっているようで組織一体化という点では望ましいものではない。また、合併後の実績がどうなるかというのも重要である。

たとえば、現在の組織内の状況はわからないが、鉄鋼業界で八幡製鉄と富士製鉄の合併以来の大型案件として二〇〇一年頃にマスコミをにぎわしていたNKKと川崎製鉄の経営統合がある。この両社によるJFE（ホールディングス）の発足においては、社風がまったく異なることが危惧されて、外野からははたしてうまくいくのかと取りざたされていた。結果的に二社の組織統合はスムーズに進み、その直後に中国の鉄鋼需要の伸びを追い風として市況が回復をみせ、JFEとしての業績が伸びた。結果的に社員の賞与にも反映されたことで合併メリットが一般社員にも実感された。新生JFE内では、旧会社の所属を意識しなくなっていたことを示すエピソードがある。ウソかホントかわからないが、当時の経営陣のひとりがある経済会の集まりに出ていて「あなたのご出身はどちらですか」と聞かれ、出身地を答えたところ「そんなことを聞いているんじゃない、ＮＫＫなのか川崎製鉄なのか」と言われたという。それほど旧会社への所属意識を払拭するのに成功した、ということだろう。

まったく性格の異なる二社の統合がうまくいったのは、鉄鋼不況のなかでそれぞれの組織全体に危機感があったことが大きな要因である。当時の経営陣もまた、経営統合するのならどちらの会社かといった面子にはこだわらず、統合後のベストを追求する「いいとこどり」で統合に踏み切った結果、鉄鋼市況の好転にも恵まれ成果を出した。統合にあたり効率化のために製鉄会社のシンボルである高炉を複数閉鎖する際も、両社のバランスではなく統合後を見据えて大胆に決断されている。

金融、医薬、通信、小売の分野などで、大規模な経営統合がおこなわれた例は数多くみられるし、今後も新たなものが出てくるだろう。結局、組織一体化の手法はいろいろあるものの、やはり組織を構成する人間の意識変革という目に見えない部分が、合併や買収という大きな変革をきっかけとして、企業活力の向上をもたらすかどうかのカギになっているのではないだろうか。

第4章　ニッチトップの追求

日本国内には、三八六万の企業があり、その九九・七パーセントが中小企業である。知名度や規模では大企業に及ばなくとも、専門性や技術力が高く他の追随を許さない企業は数知れない。日本の産業発展は、これらの中小企業が切磋琢磨することで支えられてきたといっても過言ではない。そのなかでも、決して大きくはない市場規模だが、ビジネスとしては成立しうる事業分野において、圧倒的な強みをもつ企業をニッチトップと呼ぶ。日本の中小企業は、規模が小さいからといって競争力や事業力がないわけではなく、目立たないがある特定分野において専門的な技術やノウハウを有し、独自の商品やサービスを開発している企業が数多くある。

ニッチとは、もともと生物の生態的地位による住み分けの概念を意味する用語で、転じてマーケティングなどでも使用されるようになった。ニッチ市場とは、市場状況を分析し細分化することから見いだされる独占可能な事業分野であり、しばしば「隙間市場」や「住み分け」と呼ばれる。いわゆる大企業が対象としていない小さな市場や、誰も事業化しようとは考えないような分野で事業基盤を築いている企業を「ニッチャー」という。この言葉は、フィリップ・コトラーが産業分野内で競争する企業の戦略的ポジションをリーダー、チャレンジャー、フォロワー、ニッチャーの四つに分類し、それぞれの地位によってとるべき戦略の方向が異なると提起したことで、世の中に広まった。中小企業は、経営資源が限られているため、特定市場に資源を集中して投下することによって独自の強みを発揮することを目指す戦略に特化すべき、という考え方である。関心がもたれていない市場を目指すという点では、ブルーオーシャン戦略とも通じる面がある。

これは、単なる隙間市場というよりはある意味で独自の市場創造ともいえる戦略である。ユニークな視点から既存市場を見直してみることで新たな商品やビジネスの仕組みを生み出し、従来の市場構造をも変えて新たな事業可能性を生み出すことにつながる。いまや世界的企業に成長したソニーやホンダやソフトバンクなども、スタートは中小企業であるが、独自の製品開発や経営手法により大企業に成長してきた。

本章では、中小企業であっても市場変化に柔軟に対応し、危機を乗り越えて確固とした事業基盤を築いているニッチトップの企業二社を取り上げる。中小企業は、規模が小さいぶん経営者の意思決定が早い、小回りが効く、社員の顔が見える、などのメリットがある。それだけに人材の質、とくに経営者の力が実績に大きく影響する。

第一の企業は、キリンやサッポロ、アサヒ、サントリーなど強力な大企業が競争相手としてひしめくなかで、顧客の根強い人気を得ている飲料「ホッピー」を製造販売している「ホッピービバレッジ」である。この企業は、現在創業者から数えて三代目にあたる女性社長が、経営継承後に独自のマーケティング展開により売り上げを五倍に伸ばしたことで注目を集めた。

第二の企業は石川県に本社を置く「会宝産業」であり、自動車のリサイクル事業を手がけている。自動車の解体業は、零細規模の企業が大多数で社会的評価も低かった。この企業が興味深いのは、従来の業界の視点を変えて「静脈産業」というコンセプトを提示したことにある。とくに、資源の有効活用と環境負荷の削減を考慮し、単なる事業利益の追求だけではなく、リサイクル分野の人材育成と品質規格の確立をグローバルな視点から展開し、社会性のある事業の仕組みの確立に努めている点である。現実にはそのような事業に社会性をもたせ、なおかつ利益を出すことは難しい。さらにそれを持続させていくことはもっと難しい。それをどのように判断し実行しているのかは、参考になる面が多い。

これらのふたつの事例から読み取れるのは、企業規模ではなくやはり経営者を含む経営資源の質が非常に重要になるということである。とくに企業が成長していく段階で、将来を担う人材の確保が課題である。

ケース4-1

独自のマーケティング展開　ホッピービバレッジ

ホッピービバレッジ株式会社は、一九一〇（明治四三）年に創業者石渡秀が秀水舎を設立したのがはじまりである。ラムネやサイダーなどの清涼飲料販売を開始し、現在の石渡美奈社長は三代目の経営者である。麦芽発酵飲料「ホッピー」を開発し一九四八年にその製造販売に着手したホッピービバレッジは、一〇〇年を超える歴史において、幾度もの環境変化にともなう危機に直面している。しかしながら、創業者のスピリッツを社員みなで受け継ぎつつ、困難をひとつひとつ乗り超えてきた歴史をもつ。

以下では、ホッピービバレッジが数々の危機をいかに克服してきたかを論じていこう。

一　戦後復興期における事業展開

主力商品ホッピーの誕生は、一九二六（大正一五）年、石渡秀が東京都北区滝野川にあった醸造試験場で本格的に醸造の研究をはじめた時期にさかのぼる。秀はその後も地道に研究をつづけたものの、世の中が戦時体制に移行してしまい、物資統制により本格的な事業に移行する機会を得られなかった。

研究開始から二〇年以上の歳月が流れた。戦争が終わったときには国民約三〇〇万人の犠牲者を出し、東京はいたるところが空襲によって焼け野原となった。物資は欠乏し人びとは貧しい生活を余儀なくされていた。入手できる嗜好品が限られていたなかで、石渡秀は一九四八年に日本のビジネスマンの喉を潤すべく、ホッピーの販売を開始する。ホッピーは、ホップと麦芽を使い製法はビールと同じだが、アルコール度数は一パーセント未満のため酒類にはならず酒税がかからない。焼酎割りなどで楽しむ飲み物である。

ちなみに秀は、進駐軍に襲われた日本人女性を助けるような武士道魂をもつ日本人だった。秀は、ホッピーのボトルに武士道を象徴する「桜」をかざってみずからの信念を示した。ホッピーのシンボル「桜」には、「日本人よ。ホッピーを飲みつつ、仁義を重んじる武士道精神を大事にしよう」という思いが込められている。

また、ホッピーの商品名には、「本物のホップを使った本物のノンビア」という意味合いがある。ビールではないが本物のホップを使っており、焼酎などとの相性もよく自分の好みの濃さにできるホッピーは瞬く間に浸透していった。

二　競合の激化

コカ・コーラ上陸以前、日本の清涼飲料市場はサイダー、ラムネが主流だった。そこへコカ・コーラの輸入が決まり、「黒船来襲」とばかりに恐れをなしたのは、市場を荒らされることを懸念したラムネやサイダーの製造元である中小企業の清涼飲料各社である。コカ・コーラには一社では対抗しえない。そこで、全国清涼飲料工業会に名を連ねる中小企業各社で力をあわせて作戦を講じた。

「茶系飲料には茶系飲料で対抗を」。これが彼らの結論だった。しかし当時、国内市場に茶系飲料は存在しない。世界を探してみたところ、ブラジルのガラナ飲料に出会う。ブラジルではガラナの実を棒状に練ったものを水に溶かして、強壮剤として日常的に飲用されていたばかりか、現地のビール会社三社によって、すでにガラナの実を原材料とした炭酸飲料が製品化されており、よく飲まれていることがわかった。

それらをヒントに、日本で開発されたのがコアップガラナである。純国産茶系飲料ということで、スカートをかたどったコカ・コーラのボトルに対抗し、舞妓型ボトルを開発した。全国の中小企業飲料メーカー三十数社が名乗りをあげ、共同で「コアップガラナ株式会社」を設立し、初代社長に、ホッピービバレッジ創業者の石渡秀が就任した。一九六一年のことである。

コアップという名称には、コーポレーションアップ、すなわち、中小企業各社が協力して設立された会社であるという意味が込められていた。おそらく、この時代に数社が協力しあって一社を創設する形態は珍しかったと思われる。そこにも、大手企業に揉まれながらの厳しい競争のなかで、なんとか生き延びていこうとする先人たちの先見の明を感じることができるだろう。

そして、ホッピービバレッジの前身であるコクカ飲料株式会社は、コアップガラナの製造販売を担う一社として加盟した。敏腕営業として活躍し、のちにホッピービバレッジの二代目社長となる石渡光一は、斬新なアイディアと地道な営業攻勢によりコアップガラナの販路をつぎつぎに拡大していったのである。

三　売り上げ五倍へのプロセス

現社長の石渡美奈は、先代社長のひとり娘であり、一九九五年にホッピービバレッジが地ビール製造の免許を取得したのをきっかけに家業に興味をもち、一九九七年にホッピービバレッジに入社した。二〇〇二年に取締役、二〇〇三年に副社長、二〇一〇年に代表取締役社長に就任した。一時八億円まで低下していた会社の売り上げを、約四〇億円と約五倍に拡大させている。

美奈は入社後、さまざまな施策を実施するが、そのすべてが成功したわけではない。イメージを刷新したいとまず手がけたのは新商品開発である。ホッピーをあらかじめ焼酎で割った商品「ホッピーハイ」の販売、瓶やラベルのデザインを一新しおしゃれなイメージへの転換を狙うなど、一〇〇〇万円の資金を投入したが、うまくいかなかった。失敗の原因は単純ではないが、それまでのホッピーのイメージとあわず顧客に受け入れられなかったこと、「ホッピーハイ」は大手メーカーの製品とまともに競合したこと、などがある。この失敗をきっかけに、何を中核とするか、大手メーカーとまともに競合しない方法はないかということを、模索して工夫するようになる。

売り上げ拡大のきっかけとなったのは、インターネットの活用と美奈自身が広告塔として前面に出たことである。ネット上に「Hoppy で Happy 党」というホッピーのファンクラブがつくられていること、会社へ直接飲める場所や購入可能先の問い合わせが多いことに着目し、一九九九年にオンラインショップを立ち上げる。また「跡取り娘」の日記をネット上で公開したことや、ホッピーと女性経営者というミスマッチ感も話題を呼び、さまざまなメディアに取り上げられるようになる。現在はラジオ番組のレギュラーももち、社長みずから低カロリー、低糖質でプリン体ゼロという健康に優しいホッピーの特性を売り込んでいる。

話題を呼んだ一例は、ラッピングトラックによるプロモーションである。販売店から知名度を上げてほしいという要望が強かったが、大手企業のようにプロモーションに巨額の資金を投入する余裕はない。都バスのラッピング車体広告がはじまったころ、その実施を検討したが予算が十分ではなかったため、あきらめざるをえなかった。それがあるとき、物流を委託している会社からそのトラックを使ったラッピング広告の提案を受け、受注確定から荷積みまでの作業の待機時間を利用して都内繁華街を中心に走ってもらうことにしたのである。工場の駐車場は狭く、路上駐車による待機では近隣に迷惑がかかる。そこで発想を転換し、物流会社と協力して人の多いところでラッピングしたトラックを走らせることにした。ホッピービバレッジにとっては低予算での広告展開が可能となり、物流会社にとってはトラックのアイドルタイムを収益化できるという一石二鳥のメリットがあった。

会社の浮沈にかかわる大きな事件が起きたのは、二〇〇七年である。いつもの商品と違って何かおかしいという顧客からのメールをきっかけにその製品を工場で検査したところ、生産ラインの汚染可能性が指摘された。不幸中の幸いで人体に影響のない事故ではあったが、ただちにそのラインを使用した製品の全品自主回収を決定し、新聞へのお詫び広告掲載、販売ルートへの連絡などの対策を講じたことで沈静化した。

このように、売り上げ五倍は決して平坦な道だったわけではなく、さまざまな危機への対応とその経験を次に活かすことによって成し遂げられている。また、経営者だけでそれが可能なわけではなく、組織的なまとまりと実践、適切なタイミングによる資源投入が重要であることが示されているだろう。

四　人の重視

石渡美奈は、ホッピービバレッジの経営を支えるのは社員であり、社員は家族（ホッピーファミリー、略称ホピファミ）であると位置づけている。また、「人材」という言葉は人を材料として扱っているとし、人を財宝としてとらえる「人財」という言葉を、社内では日常的に用いている。組織文化においても、魅力的なエピソードがある。社員たちは、「ありがとう」を三回言うように心がけているという。作業をお願いする前、作業に取り組んでいる最中、作業の状況を確認し終わったあと。これらのタイミングにおいて「ありがとう」と言うよう全社員が心がけている。このような細かな心配りの経営には、「人間尊重」の精神が貫かれている。

この背景には、副社長当時に社内改革を推し進めようとしたときの失敗経験がある。経営コンサルタントの塾で学んだ美奈は、その内容を社内に反映させようと、コミュニケーション緊密化のためのボイスメール導入、組織一体化のために全社員で毎朝の掃除の実施、経営理念の唱和など、さまざまな活動を取り入れていった。ところが二〇〇六年二月、工場長から一通の辞表が提出され、工場で働く二〇人全員が辞めたいと言っているとの話を聞く。原因は、なぜ実施するのかという十分な説明をせずにそれらを実行に移したことによって、社員との意識のすれ違いが積み重なり、社員の側に会社の行き先に対する不安を呼び起こしてしまったことにあった。ある連絡の行き違いによる判断をめぐり、くわしい事情を把握せずに幹部社員を他の社員の前で叱責したことをきっかけに、工場部門全員の辞意表明という形で反発が表面化してしまうのである。

それ以降、美奈は会議や研修の場ではできるだけ社員の意見を聞き、機会を捉えて会社の年度計画やルールに関する説明をおこなうようにした。小さなことでも社員の貢献に気づくと、メールだけではなく手書きのはがきを送って感謝を伝え、コミュニケーションを図るようにしている。

ホッピービバレッジでは、人を育てるうえで「知的体育会」というユニークなコンセプトを提唱している。単なる知識ではなく「総合的な知識（リベラルアーツ）」を発揮することが重要であり、そのために実践（身体性）と理論（頭脳性）のハイブリッドをハイレベルで追求しているのである。具体的には、現場での実務に長けた社員に対し、それを具体的な言葉や概念や数値として整理させるべく、経営計画の策定に参画させる取り組みなどを実施している。さらに、次世代のリーダーを育成するために、同じ師や教科書から学ぶ「共育」を哲学とした社内研修を運営している。今後の成長戦略を考えれば、社長だけでなくより多くの社員にリーダーシップを分散し、組織の自律性を発揮する仕掛けがなければ、変化の激しい環境への対応や、日常業務における知識伝承もスムーズには進まない。ホッピービバレッジの「共育」という哲学には、自律分散的なリーダーシップの発揮が企図されているのである。

新入社員の育成研修では、野中郁次郎著の『アメリカ海兵隊』（中公新書、一九九五年）を参考としつつ、「ブーツキャンプ」と銘うち徹底的な導入研修を展開している。そもそもブーツキャンプは、「これさえ知っていれば死ななくてすむ」といった目的で実施される米軍の過酷なトレーニングプログラムであり、これを修了した新兵は人種や性別や年齢を超え、固い絆で結ばれるという。これにならい、ホッピービバレッジのブーツキャンプ研修は、頭と体を苛酷に鍛え上げる内容となっている。社長に同行するカバン持ち研修、社内アルバイト研修、飛び込み訪問研修、工場の製造ライン研修、マル秘ワークショップなどである。

これらの取り組みにおいて美奈が意識しているのは、自身がビジネススクールで学んだ経験をふまえつつ、理論と現実の実践をハイブリッドさせることの重要性である。それについて、以下のように表現している。

私は別に、ビジネススクールが万能だとは思ってはいない。授業でどんなに理論やケーススタディを学んでも、現場での経験の裏付けがなければ、机上の空論にすぎない。どんなに立派な戦略を作っても、現場での検証を重ねていかなければ、絵にかいたモチで終わってしまう。

大事なことは、理論のための理論ではなく、「現場で起こっていることを冷静に理解する」[1]ために理論を学ぶということ。そして、学んだ理論を現場で実践し、検証していくことだ。

ブーツキャンプに臨む新入社員は、大学を出たばかりである。これらの新入社員は座学の知識量は多いかもしれないが、実践経験ではまったくの素人である。複雑な現象が織りなす現場を理解すべく、新入社員の段階において多くの実体験を積ませるのは、組織全体をいち早く身体的に感じる近道ともいえる。まずは現場を見せ、そのあとで座学を通じ理論と実践の関連づけを図る。現場から理論へ。この順序の徹底こそがホッピー経営の大原則であり、複雑な変化が織りなす現場対応に求められる「経営の真髄」なのである。

◆注

（1）石渡美奈『技術は真似できても、育てた社員は真似できない』総合法令出版、二〇一二年、九一－九二頁。

◆参考文献

石渡美奈『技術は真似できても、育てた社員は真似できない』総合法令出版、二〇一二年。

石渡美奈『社長が変われば社員は変わる』あさ出版、二〇一〇年。

石渡美奈『ホッピーの教科書』日経ＢＰ社、二〇一〇年。

ホッピービバレッジ『ホッピービバレッジから、１００年分のありがとうを込めて。ＧＯＡＬ１００』クラシマ・プロダクツ（記念式典配布資料）。

その他資料
http://www.bizocean.jp/column/president/（２０１３年11月10日時点）
http://www.doraku.asahi.com/hito/runner/（２０１３年11月12日時点）
http://www.zazaku.co.jp/economy/ecn-news/（２０１３年11月12日時点）

（成田康修）

ケース4-2

リサイクル事業の意義　会宝産業

日本の産業政策は、これまで生産サイドを重視してきた。なかでも自動車は重要な産業に成長し、その成長過程において製造技術や省資源化については世間の関心も高く、マスコミなどでも大きく取り上げられてきたが、廃自動車のリサイクルについては注目されることは少なかった。毎年多くの新型車が華やかに発表され、市場に投入されていく反面で、多数の自動車が廃棄されている現実がある。このような状況のもとで、リサイクル分野に着目し独自の経営をおこなっている企業が会宝産業株式会社である。

会宝産業は、一九六九年に現在の近藤典彦代表取締役社長が立ち上げた有限会社近藤自動車商会が母体となり、一九九二年二月に会宝産業株式会社に組織変更し、現在にいたる。業務内容は、使用済み自動車の引き取り、解体、破砕前処理による金属資源の回収・再利用、中古自動車および自動車部品の輸出販売である。

一　求められるリサイクルシステム

現在地球上で走っている車の台数はおよそ一〇億台、日本国内では約七六〇〇万台（陸運統計）に達しているという。二〇一一年に世界で生産された四輪車の台数は、トラックが約六〇〇〇万台、乗用車が約二〇〇〇万台の計八〇〇〇万台とみられる（国際自動車工業会、日本自動車工業会の速報値にもとづく）。そのうち日系企業の年間生産台数は、トラックを含めて日本国内で約一〇〇〇万台、海外現地生産でもほぼ同数ぐらいと推定されており、世界の年間生産台数のおおむね四分の一が日本メーカー系列のものということになる。さらに、日本からは年間八六万台（中古車輸出海外マーケット研究会のデータ）の中古車が輸出されており、統計に乗らないぶんも含めると中古車輸出総台数は一〇〇万台近いといわれている。日本からはそのほかにも、部品や鉄くずとして膨大な量が世界各国へ輸出されている。

『日本経済新聞』の記事[1]によれば、二〇一三年の世界の新車販売台数は八三〇〇万台に達し、二〇一四年は八八〇〇万台に拡大すると見込まれている。これらは、いずれ膨大な廃棄物を生み出すことになりかねない。現に、使い捨てられた自動車は、世界のあちこちで廃車の山をつくっている。

リサイクル事業の意義

莫大な数の自動車が世界中で動いており、いずれそれらのすべてが廃車になることが確実であるにもかかわらず、効率的な世界的リサイクルシステム確立への動きは鈍い。そもそも自動車は、鉄鋼、ガラス、電子、繊維、化学など非常に多岐にわたる産業技術とそれによって製造される部品の集大成的製品であり、関連産業の裾野は広く、経済的影響も大きい。そのため、生産の効率化・拡大や、ハイブリッド車、電気自動車、燃料電池車、ダウンサイジング化などのあらたな技術開発については強い関心が寄せられてきたが、生産したものの再利用もしくは適切な廃棄プロセスについてはほとんど考えられてこなかった。理由は簡単で、いったん製品として販売し分散してしまったものを再度集めて処理する仕組みをつくり、維持するには、コストがかかるからである。利益の大きな新車の製造販売とは異なり、地味で汚れ仕事のイメージが強いリサイクル事業に対する世間の関心と評価は低かった。日本でその歪みが表面化した典型的な事例が、瀬戸内海の豊島《てしま》で起きたシュレッダーダストの不法投棄事件である。長期にわたって島の北西部に集積されたシュレッダーダストは、周辺に深刻な環境汚染を引き起こしたが、国も自治体も有効な対策を打とうとせず解決が長引いた。企業の短期的な利益目的が結局は膨大な処理費用の社会負担を強いたケースである。

中国や東南アジア、南米などの発展途上国では、今後モータリーゼーションがいっそう進むと考えられ、毎年毎年新車が世に出ると同時に、膨大な量の廃車が生まれてくるだろう。環境意識がまだ低い国や地域では、企業は社会性よりも目の前のコストの低さだけを優先しがちである。自動車が使い捨てにされれば、環境への負荷は非常に大きなものになる。世界中で第二、第三の豊島が生まれることを防ぎ、資源の有効活用を図るためにも、リサイクル事業の世界的システムが求められるのである。その範囲は一企業や一国のレベルでは限界があるが、会宝産業では企業の立場から果敢に自動車リサイクルへの取り組みをおこなっている。その活動範囲は、国内だけではなく世界的な展開の段階にある。

法整備

日本では環境保護意識の高まりや豊島事件をきっかけに、国が「循環型社会形成推進基本法」を二〇〇〇年に制定、その二年後には「使用済自動車の再資源化等に関する法律」、いわゆる「自動車リサイクル法」が施行され、自動車リサイクルに関する法的な整備がなされたことで廃自動車の再資源化へのはずみがついた。この自動車リサイクル法制定により、電子マニュフェストの導入や車両購入時点でのリサイクル料金の支払いが義務づけられた。部品類・金属類の流通も活性化し、不法排出により環境破壊の原因になっていたフロン類の回収処理、各種自動車部品、エアバック類、シュレッダーダストの安全なリサイクルをおこなえるシステムの構築が進んだ。

この時期、海外でも自動車リサイクルシステムの法整備が進んでいる。たとえば、EUは二〇〇〇年にEU廃車令を制定し、加盟各国における自動車リサイクルの基本的な考え方を示した。その特徴は、①二〇〇七年以降自動車メーカーは廃車の無料引き取りを保証し引き取り費用のすべてまたは大半を負担する、②二〇〇六年までに自動車重量の八五パーセントを再利用する仕組みを構築する、③自動車への水銀・六価クロム・カドミウム・鉛の使用を禁止する、というものであった。このEU廃車令をもとに、EU加盟国ではそれぞれ国の状況に応じた廃車令を制定し、自動車リサイクルシステムの構築を進めている。

環境保護意識が高く財政基盤も恵まれている先進国では、このように自動車リサイクルに関

図1　ナイジェリア首都近郊に
放置された廃車群
出典：http://www.e-squareinc.com/news/2011/111017.html

連する法律やインフラが整備されつつある。しかし、中古自動車や部品の主たる輸入国である発展途上国の場合、たとえば日本のような車検制度やリサイクルシステムは存在しないし、環境配慮についてもほとんど顧みられていない。輸入された中古自動車や中古部品は徹底して使い回され、最後は回収もされず廃棄・放置されることになる。自然環境の保護や地下資源保護の観点からも、先進国だけではなく世界的な協力のもとに自動車リサイクルシステムの構築が求められる状況にある。

二　事業展開のプロセス

会宝産業は一九六九年個人会社としてスタートし、業界ではいち早く機会を捉えて海外との取引に取り組み、現在では世界約七一カ国との取引実績がある。また、単に収益事業を展開するだけでなく、環境保護のために発展途上国を中心に海外合弁会社を設立し、再生ノウハウの移転とそのために必要な人材育成に取り組んでいる。さらに、リサイクル業界の社会的地位向上を図るため、NPO法人RUMアライアンス（全国自動車リサイクル業者連名）を設立するなど、自動車リサイクル推進の啓蒙活動や技術向上に貢献することで、自動車および自動車部品の循環型社会の実現を目指している。

概　要

現在、海外ネットワークは、中国大連の営業所のほかに合弁会社がタイ、ケニア、シンガポール、ナイジェリア、ガーナにあり、現地での中古車リサイクル事業定着に貢献している。さらに七一カ国の海外ディーラーとネットワークを結び、中古車および関連部品を販売している。会宝産業では年間約一万五〇〇〇台の廃車を解体処理し、そこからレアメタルをはじめ再利用可能な金属を回収し、使用可能部品を取り外す。部品の七割は海外へ輸出される。もっとも高価格なのはエンジンユニットであり、常時三〇〇〇台の在庫を確保し海外バイヤーからの受注に備えている。エンジンだけで、年間二万台以上を海外へ輸出している実績がある。

図２　会宝産業の事業概要図
出典：会宝産業ホームページ。

主力の部品販売以外にも、動力ユニットをモーターに換装し電気自動車に転換した「コンバートＥＶ」の試作、車のシートベルトを材料として制作したエコバッグや財布の「リベルト」シリーズの制作・販売、自動車用シートを転用したオフィス用椅子「トレジャーチェア」の制作・販売など、まだ実績は小さいが関連事業を展開している。

事業成長プロセス

創業者の近藤社長は、いったん東京に出て自動車関係の仕事につき、車に関する技術を習得した。その後、二二歳のときに郷里の石川県金沢市に戻り、一九六九年に単独で自動車解体業をはじめた。起業の際には、以前の勤務先からもらった整備工具、車一台、自己資金五〇万円、そして親戚などに出資を募って集めた一〇〇万円をもとでとした。みずからが経営者兼営業社員として、昼は車のディーラーや修理・整備会社、板金工場など廃車が発生するさまざまなところに営業にいき、夜は会社で事務処理と、昼夜兼行に近い状態で働き、しだいに業績を拡大してきた。その要因は、以下のような点にある。

機をみる

事業拡大のうえで大きな転換点となったのは、一九九一年、付き合いのあった繊維商社のインド人社長が、自動車部品の買い付けに来日していたクウェート人を連れてきたことである。彼は、まだ未開拓の北陸地域ならば部品調達がしやすいのではないかと近藤社長のもとを訪れた。取引はうまくいき、クウェート人バイヤーはスクラップのなかから必要な自動車部品を選び出し、二〇フィートコンテナ一台分、約二〇トンの部品を当時の国内スクラップ相場の三倍の値段で買い取っていった。それまで近藤社長は、解体した車の使用可能な部品を国内で販売していたが、営業効率が悪くそれほど高価格では売れなかったため、改善策に悩んでいた。このクウェート人との取引がきっかけで、部品輸出のほうが儲かることに気づかされ、積極的に輸出をおこなうことにした。

当時の日本国内の中古部品価格は、おおむね新品部品の三分の一が目安であった。価格そのものは国内販売のほうが高いものの、数が出ないためデッドストックが多くなる。これに対して輸出の場合は、国内販売に比べて単価こそ安いが取引数量の桁が違った。部品輸出には価格の目安がなく、当初はスクラップ価格を基準としていたが、しだいに相場の感覚を身につけ、同時に海外でどのような部品が売れるのかも少しずつわかってきた。また、最初のうちは商社を間に入れ、為替変動リスクを回避していた。現在ではインターネット経由の直接取引に重点が移っている。

外国人の部品バイヤーはおたがいに情報交換をおこなっており、その口コミを通じて輸出商談がしだいに広がっていった。海外販売が拡大するにつれて、国によって中古部品の売れ筋が異なることも明らかになってきた。たとえば平均所得が低い国では、価格の安い古い車が使われている。そういう国では、年式の古いエンジンでも売れる。これに対して比較的年式の新しい中古車が多く入っている国では、当然ながら部品も比較的新しいものが求められる。このような国の状況に対応してニーズにあった部品供給をおこなうことが重要なことがわかった。

輸出をおこなう場合、考慮しなければならないリスクは為替変動と貸し倒れである。為替相場に関しては、為替予約などそれなりの対応策があるが、貸し倒れリスクについては、取引相手が発展途上国であるだけに、売却代金を回収できなくなった案件もある。近藤社長が輸出を開始した当時は、全国に自動車解体業者はたくさんいたが、経験のない輸出にまで進出する会社はほとんどなかったうえに、中古部品の品質基準も曖昧だった。現在のような中古部品の公開データベースもなく、いわばさまざまな取引基準がまったく未整備の業界であり、企業規模も小さいところが多く国際取引を考える余裕などなかったというのが現実である。そのようななかで先発企業として試行錯誤しつつ仕組みをつくっていったことが、現在までの企業成長をもたらした。

客観的品質基準の確立

中古部品の輸出取引に関しては、品質基準はまったく存在しなかった。極端にいえば、外見や年式だけで価格が決定されていたのである。たとえば、一〇万キロ走行車のエンジンと三〇万キロ走行車のエンジンでは、エンジンの品質や状態は大きく異なるのがふつうだが、外見に差がなく年式・型式が同じならば同じ値段で取引されていた。これでは部品価格の正当性や取引の信頼性が保てないことから、部品の品質を適正に表示する基準が必要であると考え、金沢工業大学と連携し、まず売れ筋のエンジンユニット性能を客観的に評価した中古部品の規格としてＪＲＳ（Japan Reuse Standard）を独自に制定した。

会宝産業内でのＪＲＳによる具体的な評価結果表記は、走行距離やエンジン内部コンプレッションなど六項目について五段階評価をおこない、それをわかりやすくレーダーチャートで表示し、測定担当者名を記載して部品タグに取り付けている。それを、海外五カ所の販売拠点にも拡大しつつある。この品質基準は一社だけでは意味がないため、会宝産業では世界基準として確立する活動を開始した。国内の同業者にも呼びかけたが、直接的に利益につながるわけではなく、測定器導入の投資も必要なため、反応は鈍かった。近藤社長自身は、業界全体で品質評価基準を確立し、それにもとづいて客観的に価格づけをおこなえる部品流通体制が整えば、部品価格の安定と取引の明瞭化につながると考えていた。

また、海外取引において有効な基準とするために二〇一三年二月にはイギリスを訪れ、ＢＳＩ（British Standards Institution、イギリス企画協会）[2]において、このＪＲＳをＩＳＯ規格の下部規格である公開仕様書（ＰＡＳ）７７７として認めるようプレゼンテーションをおこなった。このＰＡＳ７７７のワークショップにはイギリスの保険会社、修理業者、解体業者、事故車引き上げ業者団体代表者、ナイジェリア自動車評議会のメンバーなどが参加した。二〇一三年一一月に採用が決定され、日本発による世界でもはじめての中古エンジンに関する品質規格が成立した。会宝産業では、エンジン部品だけではなく将来はトランスミッションやストラットにも基準を拡大していく予定である。

仕組みづくり

会宝産業では、中古部品情報を一元管理する自社システムＫＲＡ（Kaiho Recycler's Alliance）を二〇〇五年から導入している。中古部品ひとつひとつにバーコードが取り付けられ、その部品を取り出した中古車の年式、状態などの履歴、同種部品の在庫状況、過去の販売先などの情報が記録されている。国内の提携先同業者、ネットワークで結んだ海外のディーラーは、この

ＫＲＡシステムを導入することにより在庫状況や部品の状態を把握し、インターネットでの発注を可能にしている。二〇〇八年にシステムを刷新し、国内三社の解体業者と海外二社の部品ディーラー業者とを結び、受注から在庫確認、調達までの自動化・省力化を進めている。このシステムを他社に導入するにあたっては、利益を度外視しほぼ実費のみで対応している。

三　理念と実践

経営理念は「会宝産業は、社員一人一人がよろこびを表現し、お客様に信頼と安らぎの実感を提供し続け、自然環境との調和を計る会社です」というもので、それを社員個人の立場からみた内容に具体化し、六項目の「私の宣言」として示されている。理念は、現場の活動指針にも反映されている。

活動指針としては、「あいさつ日本一」「きれいな工場世界一」「自律と協調」が掲げられている。挨拶は、日常生活や仕事におけるもっとも基本的なマナーとして重要であるとの観点から、徹底しておこなうように社員を指導している。また工場をきれいに保つのは、これまでの自動車解体業のイメージである「きつい、きたない、危険」を脱し、安全に誇りをもって気持ちよく仕事をするためには不可欠であるとの考え方が背景にある。工場をきれいに保つことにより、気持ちよく仕事ができれば品質管理や生産性のレベルが上がる。社員は、職場環境をきれいにすることの意義を、教育研修のなかだけではなく、入社直後から素手でおこなうトイレ掃除からはじまり、さまざまな実践を通じて徹底して身につけさせられる。むろん、単に作業を強制するのではなくまずトップみずからが実践してみせ、同時に「なぜそのような作業をおこなわなければならないのか」という理由をきちんと説明し、社員に理解させるようにしているという。目標は、みずから考えみずから行動することを原則とし、その過程では他人と協力するだけではなくその協力に対して他人に感謝することを忘れない、という自律性と協調性の向上に置かれている。

近藤社長によれば、いわゆる5S（「整理」「整頓」「清掃」「清潔」「しつけ」）の徹底は、どのような企業であっても欠くべからざる要素だという。5Sは、単なるスローガンでは意味がない。5Sは単にきれいにすることの必要性を伝えているのではなく、業務効率と密接に関連している。整理することでムダな時間や空間や物品を排除し、社員間の協力をやりやすくし、もし異常な状況が発生すればすぐにわかる状態を保ち、より良い状態へ改善を進めるように、職場全体の管理レベルを上げる活動なのである。

四　社会的意義の追求

リサイクル事業は、明確な社会的意識と長期的視点をもたないと成立しない。とくに近年では、ＣＳＲ（企業の社会的責任）やソーシャル・ビジネスの考え方が生まれ、企業は利益を最優先するのではなく社会的価値とのバランスを重視する考え方が徐々にではあるが広まってきた。会宝産業では、経営の基礎に持続的な循環型社会の概念を据え、本来の事業活動による収益確保を目指すだけではなく事業に関連する分野において社会的活動を展開している。注目すべきなのは、資金力の豊富な大企業であってもなかなか困難なことを、基本理念を具現化する実践活動として展開している点である。利益だけが目的であれば、このようなコストと時間のかかる活動はおこなわれないのがふつうである。

具体的には二〇〇三年に内閣府認証ＮＰＯ法人ＲＵＭアライアンス（全国自動車リサイクル業者連盟）を創設し、リサイクル事業のレベルと社会的評価向上に対する活動をおこなっている。ＲＵＭの主な活動は、中古自動車リサイクルの重要性について情報発信をおこなうとともに、海外からの研修生を受け入れ人材育成をおこなう仕組みの運営である。

図３　会宝産業の考える資源循環型社会
出典：会宝産業ホームページ。

情報発信

会宝産業では、自動車リサイクル事業に関する情報発信を積極的におこなっている。二〇〇五年には、愛知県でおこなわれた愛地球博に出展し、経済産業省リサイクル室長、トヨタ自動車環境部長、日産自動車リサイクル推進室長などを招き、環境保護と自動車リサイクル活動についてシンポジウムを開催した。二〇〇六年には第一回国際リサイクル会議を開催、国連環境計画（ＵＮＥＰ）の専門家たちと世界規模での使用済み自動車の適正処理問題について討議した。二〇〇八年には国連工業開発機関（ＵＮＩＤＯ）の協力を得て第二回国際リサイクル会議を開催し発展途上国におけるリサイクルビジネスの未来について検討した。翌二〇〇九年には、中国大連において第三回国際リサイクル会議を開催、経済発展

図4　IREC での技術研修風景
出典：会宝産業ホームページ。

とともに急速に自動車の保有台数が拡大し大気汚染も深刻である中国における自動車リサイクルのあり方を話しあっている。

人材育成

会宝産業では、二〇〇七年に国際協力機構（ＪＩＣＡ）と連携し国際的な自動車リサイクル技術者の養成を目的としたＩＲＥＣ（International Recycling Education Center、国際リサイクル教育センター）を本社敷地内に開設して、自動車のリサイクル技能の蓄積・体系化を進めるとともに国内外からの研修生を受け入れ、サイクル人材育成を目指している。

ＩＲＥＣでは、一級から三級までの自動車リサイクル技能者と自動車リサイクル管理者の資格制度を設け、四日間から三カ月の期間の研修をおこなって技能者の育成に努めるとともに、将来は民間資格から公的資格への昇格を目指している。

研修内容は、環境問題からリサイクルをめぐる法的知識、中古自動車の評価手法、解体技術の習得など、多岐にわたる。二〇一〇年には、ブラジルより六名、アルゼンチン四名、コロンビア三名、メキシコ一名の研修生を受け入れ、三週間の研修を実施した。人材の経歴はさまざまで、行政の環境責任者、アナリスト、リサイクル資源を扱う民間企業の販売責任者などから構成されていた。二〇一二年三月に近藤社長がブラジルを訪問したときには、これらの研修生メンバーがブラジリアに集まり、現地の自動車リサイクル状況に関する情報交換をおこなった。さらにブラジルの国内輸送システムに大きな影響力をもつＣＮＴ（Confederation National Transport、国家運輸連盟）と、リサイクルの考え方について意見交換をおこなっている。ＩＲＥＣでは、将来の提携先を含め、まだリサイクル意識の低い発展途上国からも積極的に研修生を受け入れて、考え方を広めていく予定である。すでに、ナイジェリアからは三五名の研修生受入実績がある。

五　業績推移と今後

自動車解体業の正確な統計はないため、金額的な市場規模は不明である。日本国内では毎年約五〇〇万台が廃車にされ（前年末保有台数プラス新車登録台数マイナス当年末保有台数、ジェトロ資料による）、そのうち一〇〇万台程度が輸出にまわり、おおむね四〇〇万台ぐらいが中古部品とスクラップになっていると推定される。これらの自動車リサイクルに携わる「解体処理業」は、従業者二～三人の小規模企業が多いものの、近年は大手資本の進出がみられる。これらの企業は、親会社と取引のある新車販売店や損害保険会社、リース会社などを通じて中古自動車を調達できる強みがあることに加えて、仕入れについても豊富な資金力を背景に競争力が高く、既存の解体業者に影響を与えている。今後、競争が激化すれば、業界は二極分化が進み、企業数は三分の一から四分の一になるのではないかといわれている。

会宝産業は、業界ではニッチトップといえるポジションにある。売り上げの大部分は、中古部品の輸出販売によるもので、提携企業へのＫＲＡシステム導入やそれにともなうコンサルティング、海外における合弁事業展開は、直接的な収益を上げることを主目的にはしておらず、儲けは度外視に近くほとんど実費のみの収入で実施している。

近藤社長の考え方では、事業基盤はあくまで北陸に置き、それ以外の地域に対しては直接進出によるのではなくアライアンスによりネットワークを組む共存共栄が目指されている。海外も同様で、あくまでリサイクルノウハウを海外移転し現地社会に貢献することが優先されている。国内の同業者は、提携しＫＲＡシステムを導入することで輸出部品のサプライヤーとして機能し、海外の合弁先は部品の買い手となってくれるので、現段階ではむしろ事業の理念を共有しパートナーシップを形成することが重要だと、近藤社長は考えているのである。つまり、事業の社会的意義を重視した先行投資と関係性の構築であり、それによって適切なリサイクル市場が形成され取引が活発化すれば、自社の部品販売も伸び、結果として投資回収ができるという関係性（リレーションシップ）の形成である。

会宝産業の売上高および利益の推移は、図５に示したとおりである。二〇〇八年までは順調に右肩上がりで伸びてきたが、二〇〇九年にはリーマンショックの影響で落ち込んだ。人員整理はおこなわなかったが、余剰資産処分や作業体制の徹底したスリム化により、それ以降は回復基調に転じている。

近藤社長は、日本国内の解体需要はおおむね三〇〇万台から三五〇万台の規模で推移し、ま

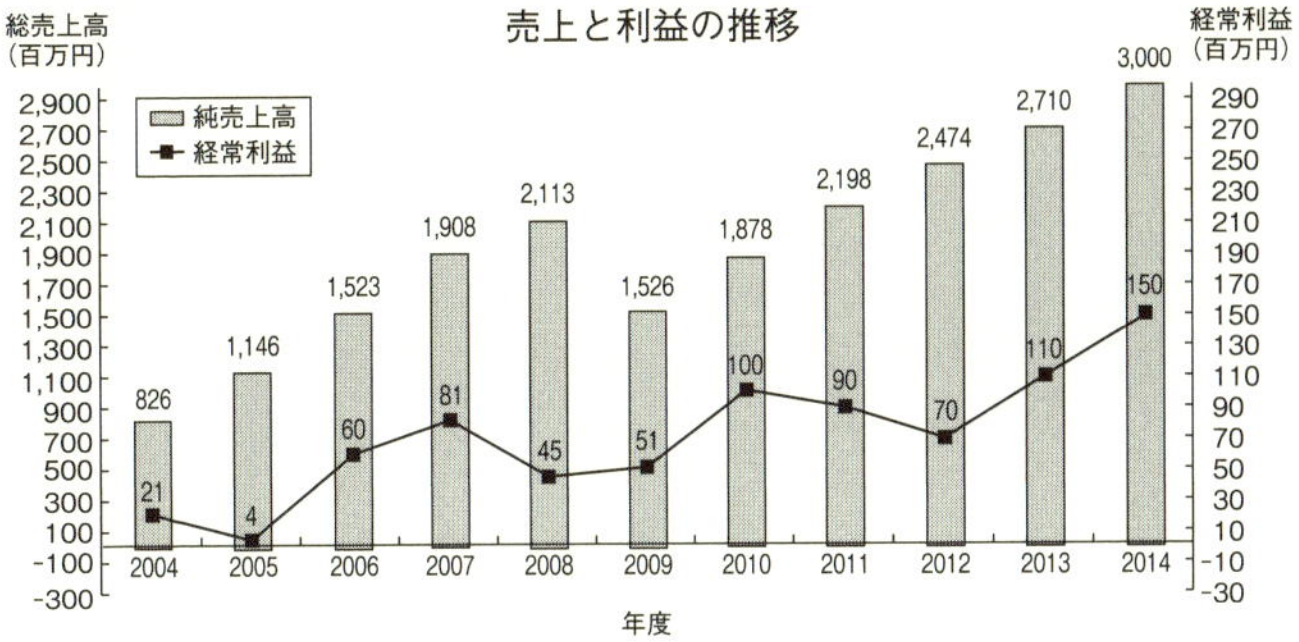

図5　2004年以降の会宝産業業績推移
出典：会宝産業ホームページ。

だ潜在ニーズは大きいものがあるとみており、会宝産業の売り上げは現状の体制で五〇億まで伸ばせるという見通しを立てている。また、県外へ直接進出して事業規模を拡大していくよりは、新規参入しようとする若手や、地域ごとの一番店とKRAを活用したネットワークを組み、新たな事業形態を模索することを考えたいと述べている。

会宝産業の特徴は、自社の利益のみを考えるのではなく社会的に良好な関係性構築をまず優先し、その結果として利益を得ようという点にある。また、長寿社会と将来の食糧危機を見込んで、第一線をリタイアした社員のために農業へ進出し、社員の生きがいと働き場所を確保しようとしている。その第一歩として、車から回収したエンジンオイルを燃料とするボイラーを開発し、トマトの温室栽培に着手した。専門知識がないと無理といわれる農業分野だが、固定観念にとらわれない発想で事業化を目指している。このように特定分野に強みをもちユニークな経営をおこなう中小企業が増えること、また事業活動そのものが社会性をもった企業に投資していくような環境整備が、新たな経済のあり方につながるのではないだろうか。

（平田透）

◆注

（1）「世界新車販売4年連続最高」『日本経済新聞』二〇一四年一月五日付一面。

（2）BSIは、一九〇一年、イギリス土木学会の提唱によりイギリス王室より認可を受けた非営利団体で、イギリス規格の運営、試験、監査、登録や技術コンサルティングなどを実施している。イギリス規格（BS）は、ドイツ連邦規格（DIN）やアメリカ合衆国のASTM規格と並び世界で広く活用されている。

◆資料

近藤典彦代表取締役社長インタビュー、二〇一三年二月二一日。

近藤高行副社長インタビュー、二〇一三年一〇月一七日。

コラム――老舗企業

以前、企業の三〇年寿命説が話題になったことがあった。ところが、日本は、世界の国々のなかでも長寿の企業が多い国であるという。三〇年どころか創業一〇〇年を超える企業がごろごろ存在している。個人企業まで含めれば一〇万を超えるのではないかとさえいわれている。その半分近くが製造業、とくに職人の手仕事の企業であるという(1)。さらに、一〇〇〇年以上の歴史をもつ企業も複数存在する。有名なのは古くから仏閣建築に携わっている「金剛組」で、創業は西暦五七八年というから飛鳥時代からはじまる一四〇〇年以上の歴史をもつ。ただし、二〇〇五年一一月に、金剛組の名前と技術を継承しつつ高松建設が全額出資した新たな会社に移行して再出発している。経営という面からみれば厳密には連続性は途切れているが、それでもこれほど長期にわたって存続していることは驚きである。このほかにも、一〇〇〇年以上の歴史をもつ企業としては、京都の仏具店や和菓子店、創業が西暦七〇〇年代はじめの世界最古の温泉旅館などがある。

　なぜ、日本ではこれほどまでに「老舗企業」が存続可能なのだろうか。しかもその多くは、中小企業だけに「ファミリービジネス」といわれる同族経営の形態をとる。同族であることが必ずしもメリットとは限らないが、いったん方向性を定めたらそこへ向けて組織の力を結集するといったように、変化への対応の機敏さと事業分野開拓に対する高い柔軟性がもたらされているようである。

　また、創業以来の経営者一族に後継となるほどの能力のあるものがいなければ、養子をとってあとを継がせるといった割り切りもみられる。大阪の繊維問屋街である船場の事業者は、娘が生まれると祝ったという。もし息子に経営能力がなければ、経営を委ねて会社が傾くよりも、これと見込んだ優れた人材を婿にとって会社を継承できるからである。日本以外のアジアの国々では、長寿企業はきわめて少ない。欧米列強の植民地支配や幾度かの戦争・紛争により、そのような企業を生む土壌を育むことができなかった。四〇〇〇年の歴史をもつ中国といえども、状況は同じである。それに加えて、事業を成功させた創業者は、みずからの系累以外に経営権を渡すことには抵抗があり一族で富を抱え込む傾向が強い。

　さらに、老舗であるからといって持続できる保証は何もない。生き残って老舗となっているのは、やはりしっかりした事業の核となる蓄積をもっているところである。それを基盤として守ると同時に、将来の事業の新たな柱となる分野を見極め開拓する努力を継続しているからである。とくに製造業の「職人的技術」は、一子相伝的な面があることから規模の小さい組織が有利なのかもしれない。現代では、センサーの発達がめざましく、人間の感覚的な世界であっても物理的数値によって把握可能になってきているが、それでも職人の世界は完全に数値化できない重要な暗黙知の部分が残る。それを継承しながら、視点を変えて異なる分野へ応用し、ニッチトップとしての地位を築くことができた企業が生き残っているのである。

矛盾する言い方だが、突き詰めれば自社のコアを維持しつつ新たな分野へ挑む姿勢と、絶え間ない変化へのチャレンジが老舗としての安定をもたらすのではないだろうか。

◆注

（1）横澤利昌『老舗企業の研究――一〇〇年企業に学ぶ伝統と革新』生産性出版、二〇〇〇年。

第5章　人口減少とダイバーシティへの対応

さまざまな企業経営の側面で、多様性（ダイバーシティ）の重要性が取り上げられるようになってきた。とくに、経済のグローバル化が進行するなかで男女雇用機会均等法の施行をきっかけに、男性中心の風潮が強かった日本企業でも女性登用を国際的レベルにまで高めようとする動きがある。これは、出生率低下に悩む日本の将来像とも関連している。

人口構造は、比較的正確に将来の姿を予測できることから、市場動向などさまざまな分析の基礎データとして用いられる。日本の社会は、これから当分のあいだ少子高齢化が進行する危機的な状態が続く。内閣府の推計によれば、二〇六〇年の出生数は四八万人まで落ち込み、現在の半分以下となる。とくに深刻なのは、生産年齢人口（一五〜六五歳）の減少で、同年には四四一八万人となると予測されており、国の活力も低下してしまうのである。

子どもの数が増えていけば問題はないのだが、厚生労働省の人口データでは、二〇一一年の合計特殊出生率（ひとりの女性が生涯に生む子どもの数）は一・三九人で、同年の出生数は約一〇五万人、これに対し死亡数は約一二五万人と、人口減少数は二〇万人を超えた。出生率が高い地域ベスト3は、沖縄一・八六人、宮崎一・六八人、鹿児島一・六四人、逆に最低は東京の一・〇六人である。つまり、夫婦ふたりに子供ひとりという核家族が一般的になり結果的に国の人口全体がシュリンクしていくことで、消費市場も小さくなる。

狭い国土なのだから、人口が減少してもいいのではないかという見方もあるが、問題は総人口よりも人口構造の変化なのである。高齢者が増加し年齢別の人口分布が逆ピラミッド型になることで、高齢者の生活を若い層が支える形になってしまう。国の活力の中核となる労働人口の層に対し、介護費用や年金や医療保険などの負担が増していくことは、誰がみても明らかである。これはずっと以前からわかっていたことであり、国全体で考えるべき課題であったはずなのに、残念ながらこれに対する抜本的な対策はとられてこなかった。海外からの移民を受け入れ若年労働者を増やす、労働生産性を上げる、定年延長でひとりひとりの働く期間を伸ばす、子育ての負担を軽減することで子どもの数を増やすなど、さまざまな対策が考えられるが、なんといっても現実的なのは国内にいる女性の活用である。

女性の就業率を年代別にプロットしていくと、その全体はM字カーブを描くことが広く知られている。出産時にいったん仕事をリタイアし、子育てが終わった段階で仕事に復帰するため、中央が低く両側にピークを示す。だが、業種によっては長期間仕事を離れてしまうと、子育てを終えて復帰しようとしてもなかなか難しいのが現実であるという。

総務庁統計局のデータでは、二〇一二年時点の労働力人口は六五五五万人、男女別でみると男性三七八九万人、女性二七六六万人で、就業率は男性六七・五パーセント、女性四六・二パーセントと、男性に比べて女性は二〇パーセント以上低い値である。現実には難しいが、もし男性と同程度の就業率を仮定すれば、五八九万人程度の潜在労働力が国内にあることになる。

また、世界経済フォーラム（ＷＥＦ）の「男女格差報告」二〇一二年版による男女の平等性では、調査対象となった一三五カ国のうち日本は一〇一位で、前年の九八位からさらに順位を低下させた。日本では、議員や企業幹部における女性の割合が低く、高い教育を受けた女性が多いにもかかわらず、教育投資が労働市場ではうまく活用されていない現状が指摘されている。また、日本の上場企業における女性役員の割合は、一パーセントに達しない。さらに、管理職の女性比率は約一二パーセントで、先進国では最低レベルにある。二〇一二年一二月には、経済同友会が国際競争力強化のためにダイバーシティを推進し、女性のボードメンバー登用を進める宣言[1]をわざわざ出しているほどである。男女格差が小さい国は、アイスランド、フィンランド、ノルウェーなどの北欧諸国である。ＷＥＦの報告では、もし日本がこのような男女の雇用格差をなくせば、国内総生産（ＧＤＰ）は一六パーセント増えるとの研究結果を紹介している。つまり、子育てと仕事を両立させることができる環境をもっと整備し、管理職登用など高い教育水準にある女性労働力の活用を進めていけば、労働力人口の減少対策と経済成長を同時に達成できるというわけである。現に、大企業に限定した調査ではあるが、女性管理職を登用している企業の収益は高いという結果もある。[2] 外国人の登用も重要な課題であるが、短期的に日本の危機的停滞状態を救う鍵のひとつは、思い切って女性の知恵・感性と活力を活かしていく多様性（ダイバーシティ）にあるのではないだろうか。

本章では、ダイバーシティの観点から、男性社会のイメージが強い建機業界の代表的企業であるコマツの女性登用についての考え方と実態について紹介する。あわせて参考のために日本と同様に女性登用がまだ低いレベルにある韓国において、国際的企業サムスンが激烈な競争を勝ち抜くうえでどのように女性を活用しているのかについて記述する。

◆注

（1） 経済同友会「「意思決定ボード」のダイバーシティに向けた経営者の行動宣言」二〇一二年五月二八日。

（2） 東洋経済による企業総覧掲載一一〇四社のうち二〇〇九年時点で売り上げ一〇〇〇億円以上の企業三七七社の回答による。このほか、アメリカ企業を対象とした調査では、ＮＰＯのCatalystによるFortune 500企業を対象として二〇〇一～〇三年の収益データを用いた結果がある。

ケース5－1

女性の活用　コマツ

コマツは、建設機械を主力とし、新興国をはじめ世界中の鉱山で活躍するブルドーザーや油圧ショベルの製造、販売、アフターサービスをおこなっている。海外売上高比率八三パーセント、社員の五八パーセントは外国人である。売上高の六〇パーセントをアジア、中南米、アフリカなど新興国市場が占め、企業成長を大きく牽引している。顧客は、男性社会の現地建設業界である。

読者の方々は、コマツで働く社員をどのようにイメージされるだろうか。事業内容からいって、おそらく伝統的男性社会で働く男性社員中心の企業と想像されるのではないかと思う。しかしながら、「ダントツ経営」を掲げるコマツの強さの裏には、じつは「女性活用」に熱心であり、男の会社という一般的イメージを覆す戦略があることを、コマツ会長坂根正弘(1)(現相談役)へのインタビューをもとに迫っていきたい。

一 生え抜き女性執行役員抜擢人事

コマツの女性管理職登用の軌跡は、一九八五年の男女雇用機会均等法成立を契機に、八七年から女性総合職を採用しはじめた時期にさかのぼる。この八七年入社組が二〇〇五年頃から四〇歳を迎え、幹部候補人材に成長してきた。この時期は、偶然にも坂根が、人材育成戦略に力を入れようと、世界共通の行動指針である「コマツウェイ」をつくりこんでいた時期と重なる。坂根は二〇〇一年、コマツ創立以来初の八〇〇億円の赤字計上という最逆風下で社長に就任し、「一度限り」との公約で思い切った構造改革を実行し、〇三年三月期で三三〇億円の営業黒字というV字回復を達成した。コマツは、創業時より人材育成を経営の要として、充実した研修と業務・ローテーションを通じた育成に力を入れてきた。坂根は、あとで述べるような理由から、女性管理職の登用を重視していた。しかし女性管理職の育成は一朝一夕になしえることではなく、時間のかかる課題であった。女性総合職の採用開始から二〇年の時間をかけて内部育成し、少しずつ増えてきた幹部候補の母集団が、近年かなり大きくなり、ようやく毎年一〇人にひとりは女性が管理職に任用されるようになってきた。

現在、コマツにはふたりの女性執行役員がいる。はじめての女性執行役員である広報担当役員は、男女雇用機会均等法以前にコマツ本社に入社し、一九八八年に職種転換制度を利用して一般職から総合職へ転換、九九年に女性初の部長に昇進、二〇一一年に執行役員に昇格した。もうひとりの女性執行役員（欧州ＣＥＯ）は総合職第一期入社後、海外営業一筋で数回の海外赴任を経験したのち、二〇一二年、欧州ＣＥＯに執行役員としては最年少で昇格した。

海外に目を向けると、コマツＵＳＡの女性管理職比率は一四パーセント、コマツChinaでは一一パーセントと、本社よりも高い。また、日本国内の石川県小松市にある工場は、東京本社に比べて女性管理職比率が高く、子どもをふたり以上育てながら、キャリアと家庭を両立させているケースも多い。本社のある東京地区（神奈川県を含む）に勤務する既婚女性社員の子どもの数は平均〇・七人、茨城や栃木などの北関東地区の工場では平均一・四人であるが、石川地区では二・〇人である。坂根は、都市では出産、地方では介護が女性の就業を妨げている要因であり、企業と自治体がそれらに関する効果的な対策をとれば、女性の就業率を高めることができて地域経済の活性化にもつながると主張する。(2) こうした現状について、坂根は、「東京一極集中は、女性が子どもをもちながらキャリアを追求することを非常に難しくしている。地方のほうが、三世代が近くに住む相互扶助などにより、キャリアと家庭を両立できる環境ができている。女性の本格活用と少子化対策を両立させようと考えたら、官はもちろん、民も地方に分権すべきで、東京一極集中では難しいだろう」と分析する。

二　アメリカでの合弁会社経験から得た三つの財産

八〇年代終わり頃、コマツ社内にも多くの反対のあるなかで、当時の社長は米ドレッサー社の買収を決断し、合弁会社を設立した。当時のドレッサー社は、社員四二〇〇人のなかで日本人社員七〇人という人員構成のうえ、あらゆる仕組みや企業文化がコマツとは異なっていた。合弁会社の二代目社長（ＣＯＯ）に任命された坂根は、経営を軌道に乗せる役目を与えられた。当時、合弁会社では、工場の製品生産ラインが重複し、商品構成や販売網も一元化されておらず、多くの無駄が生じていた。坂根は、商品・販売網の再編、工場の閉鎖・人員削減など背水の陣でリストラに取り組んだ。赤字体質にある会社を再建していくプロセスがいちばんつらかったと坂根は語る。結果的には四二〇〇人から二六〇〇人にスリム化し、短期で黒字化を成し遂げた。社内からも社外からも買収は「失敗だ」と非難の声が上がるなか、坂根は本社と自分自身に向かって、はっきりと次のようなメッセージを出し続けた。

M&Aの妥当性を考えると、ドレッサー社を買収したことで、三つの大きな財産が手に入った。①いかに日本のコマツが無駄な仕事を抱えているかを身をもって体験し、日本のホワイトカラーの生産性の低さの根源は、「自前主義」にあると学んだこと。②鉱山機械のビジネス。③顧客向けファイナンス事業。

これら三つは、のちのちコマツにとってかけがえのない財産となる。坂根は、米コマツ・ドレッサー社長としての再建経験から、海外進出する際もすべて自社で完結させようという自前主義の日本企業のやり方ではもはや立ち行かない現状を学習した。多様な現地顧客の要求をいちばん理解し、多様な現地の人材をやる気にさせることができるのは、多様性をもつ現地人トップであり、優秀な現地合弁パートナー会社や技術提供会社と組む戦略に勝機があることを学んだ。事実、現在世界で唯一コマツが商品化に成功している無人ダンプトラック運行システムは、トラックの無人化と鉱山を遠隔管理するシステムの両輪で成り立っている。坂根はつねづね、「日本は技術で勝ってビジネスで負ける」と表現している。無人ダンプトラック運行システムのもとになった技術は、コマツが九六年に米ＩＴベンチャー企業を買収したことによって獲得され、事業化に成功した例である。この買収は、鉱山無人オペレーションのパッケージ化という他社に真似のできない顧客へのソリューションの提供につながった。オープン・イノベーション理論から分析すれば、社外のリソースをいち早く積極的に取り入れようと買収をかけたことにより、強みを得たといえるだろう。社内に蓄積された技術と社外の技術とのコンビネーションである。

「日本の、とりわけ製造業の究極の自前主義は、自分たちがいちばんだと思い続け、各社ごとの企業特殊的なＩＴ、プロセス、用語、人にこだわりすぎる仕組みが、企業をまたいだ人の流動性を阻む社会の枠組みとなっている」と坂根は警告する。究極の自前主義から発する日本の労働市場の流動性の低さは、国際的にみて顕著である。坂根は、アメリカでの合弁会社社長としての経験から、会社の仕組みや用語を積極的に汎用化させて、雇用は景気に連動させようとするアメリカ流社会システムの比較優位を、身をもって感じたという。

三　男女混合組織による生産性の向上

坂根は、米コマツ・ドレッサー合弁会社から学んだ財産のひとつに、日本のホワイトカラーの生産性の低さに気づかされたことを挙げている。ＣＳＲ（企業の社会的責任）でもなく、法令順守でもなく、あくまで経済合理性の追求、生産性向上の追求という観点から、「女性がある一定の割合をもって一緒に働く現場のほうが、生産性が高まる」という結論にいたった。わかりやすい例でいえば、生産現場では、検査工程に女性社員を導入し活躍すると、結果として男性社員の生産性が上がった。これにはいろいろな理由があるだろうが、ひとつめには、企業の業務のなかには男性に比較優位な仕事と女性に比較優位な仕事があり、それぞれが相互補完をおこなうことで業務全体の生産性が上がる結果になったと考えられる。たとえば、地道で細かい根気のいる検査業務は女性に向いており、物理的な力が必要な仕事は男性に向いていると、一般的にはいえるだろう。経営者は、社員全員のモチベーションを上げて、生産性を改善することを考えるべきであり、人材の全体最適化を追求する必要がある。コマツでは、最適配置とともにそのためのサポート施策として、「企業内保育所施設」の設置や「ワークライフバランス施策」を推進し、女性が「働きやすい職場環境」の整備をおこなってきた。

ふたつめには、「安全で疲れず運転しやすい機械をつくろう（たとえば視界性が良いなど）」という全社共通の安全衛生に対する改善が、女性を含めた現場全体の生産性を上げる結果になったと考えられる。コマツはアニュアルレポートで、企業としてみずからの経営が社会の要請に沿っているかをつねに確認しなければならないと公約している。そして、「安全・安心で、能力を最大限に発揮できる職場」を提供するための仕組みづくりを具体的に進めている。たとえば、製品組立ラインに女性が入るにあたっては、工具や部品の取り扱いにおいて力を必要としないような工程を組み、しゃがんだり高い位置での作業など体に負担のかかる部分の改善によって負荷を減らすなど、現場の基準の見直しを日常的に実施している。その結果、女性のみならず男性にとっても働きやすい現場となり、現場全体の生産性が上がっている。

この原則は、間接的に、製品の面でも女性に対する配慮となってあらわれている。海外ではごくふつうに大型建設機械を女性が操作している国は多々ある。元来、建設機械の操作に大きな力は不要であり、長時間運転する機械に当然求められる安全性や操作性の向上は、女性オペレータにとっても大きなメリットなのである。

コマツはトップの方針により、女性管理職の登用を戦略的に実践している。多くの会社でも導入されているように、コマツにも男女共通の目標管理制度がある。その大前提として、担当業務でつねに現状よりもレベルの高い仕事を目標に組み込む、男女差をつけないなどの方針が徹底されている。性別に偏ることなく、実績が上がれば評価し、昇進に結びつくということを明確にすることで、みんなが納得する。人事部はトップダウンの経営方針として、女性管理職を増やすように各事業部長に示達している。

ただ女性管理職登用をおこなうといっても、担当部長や役員に「今年は誰を女性管理職・役員に登用する予定か」と聞けば「いや、そうはいっても、こちらの男性候補者もいますし、社内のバランスを考えた際には、男性候補者の昇格を薦めます」と必ず進言してくるというのが現実である。それを防ぐために、人事部では目標管理シートを各所属部門と共有し、個別にフォローしている。さらに社長みずからが人事部長に聞いて、女性管理職候補ひとりひとりの経験、人物を理解したうえで、意図的に引き上げている。

現時点では、社長がそれだけの決意をもって実行しないと、女性管理職登用はそう簡単ではない。集合教育への参加についても、母集団の社員数に比べて女性の参加者が少なければ、人事部が個別にフォローし、参加を呼び掛けている。性別を問わず、個々の社員の実力にふさわしい仕事を与えることがすべての基本である。

坂根がコマツにおいて実行してきたことは、徐々に女性のロールモデルが増えてきているという事実を背景に、「自分たちもがんばれば昇進のチャンスがあるかもしれない」という女性社員全体のキャリアアップ意欲の引き上げに大きく寄与している。

コマツでは、女性社員の定着率が高い。結婚や出産による退職は少なく、勤務年限も長いという。それは、企業にとってはありがたいことであるが、あくまでも生産性向上につながるような意欲をもったうえで、働いてもらうことが重要である。コマツの事務系の部門では、二割強が女性であり、女性社員のキャリアアップ意欲や生産性の向上への貢献は、会社全体のホワイトカラーの生産性、つまり対人件費の効率化に大きく影響する。経済合理性追求のための全社員総戦力化を意図した「女性管理職登用」戦略なのである。

四 「ミドルアップダウン」と「トップダウンの言葉力」

坂根は、「日本の強さは「ミドルアップ・ミドルダウン」である」という。これまでのアメリカにおける合弁会社での経験から、日本人の強みと弱みを冷静に比較し分析している。日本人の強みは農耕民族の強みであり、「ものづくりＤＮＡ」に加えて、連携の強さ（組織内・技術内）と継続的なきめ細やかさの追求による仕事の質の向上に大きな特長がある。一方、調和的な業務遂行を好むあまり、抜本的な変革遂行には消極的になる。また、部分最適に目が向きがちで全体最適に目が向かないという面もある。

これらを解決するには、「自律的に行動するミドル」に経営陣と現場の連携機能（ミドルアップダウン）をもたせることが重要であるという。たとえばコマツでは、開発部門と生産部門の間に大きな壁があったが、ある時期に開発本部と生産本部をひとつにし、意思決定ラインを統一するとともにミドルの権限を拡大するという荒治療をおこなった結果、連携が良くなったという。自律型ミドルアップを大事にすることで、ボトムアップによる技術力強化やイノベーションを生み出し、一方トップがビジネスチャンスを決断し、「痛みをともなう改革」を実行していく。ここにおけるトップの大きな役割として、社員全員に会社の情報をオープンに言葉で伝えていく。この「ミドルアップダウンの強さ」と「トップダウンの言葉力」を絶妙なバランスで組み合わせたのが、コマツの「ダントツ経営」である。社長の考える一歩先の全体経営と、社員のもつ顧客の声や現場情報が、おたがいにオープンにされている「場」が、次の変化を早く察するうえで非常に重要である。

日本企業が「代を重ねるごとにより強くなり」「グローバル競争で強みを発揮する」ために

は、企業価値の考え方をしっかりもち、それを実現していくための価値観と行動様式を磨き上げ、皆で共有しながら、ミドルアップダウンとトップダウンのベストミックス・マネジメントをいかにつくりあげるかということが重要である。

五　代を重ねるごとにあらわれる結果

坂根は、二〇一三年六月の株主総会をもって会長を退任し相談役となった。坂根が強調する「経済合理性から考えて女性を活用・登用する、それが会社の競争力に寄与する戦略である」という考えは、次のトップに引き継がれた。コマツの女性執行役員によれば、坂根以降、野路國夫（現会長）、大橋徹二（現社長）とも米国法人におけるマネジメント経験をもっており、肌感覚として男性・女性の性別役割的な発想が元来ないことも、女性登用の重視につながっていると語る。男女の性差に関係なく、つねに一段高く困難な仕事に配置し、それを乗り越えることによって、個々人ひいては企業全体の生産性が上がっていく状況を経験してきているのだ。

坂根の女性活用・登用戦略は、その後着実に実を結んでいる。責任あるポジション、より高いレベルの業務についた女性が、広報・海外拠点長・開発・営業・システム・法務など多様な分野で活躍し、想定以上の成果を出している。会議では、女性が入ることにより新たな視点ももたらされる。同じような経験、価値観をもつ男性社員だけがメンバーの会議では、基本に立ち戻った発言が出にくい、組織の一員としての固定観念が強い、などの弊害があった。激動する外部環境に対応し、組織内部の変化を促すには、多様な価値観・視点をもつ社員が参画することで新たなアイデアが生み出される。そこに特性の異なる多様な社員、とくにまだ女性社員の積極的な登用が進んでいない日本企業では、女性の活用の仕組みが経済合理性を向上させる方策のひとつである。新たな情報通信技術の導入や、業務の徹底した「見える化」への転換、業務プロセスの改革は、企業組織が伝統的に踏襲してきた慣性をリセットし、新しい価値を創造する「イノベーション」の機会にもつながるということが、コマツのケースにおいて示されている。

◆注

（１）坂根正弘は、二〇〇一年、コマツ創業以来初の赤字八〇〇億円計上という厳しい時期に社長に就任し、構造改革の断行により、〇三年三月期には、三三〇億円の営業黒字というV字回復を達成。新興国にグローバル展開を進め、〇七年度は一七〇〇億円の経常利益、〇九年には売上高二兆円と、世界第二位の建設機械メーカーに導き、『日本経済新聞』の企業評価ランキング「ＰＲＩＳＭ（多角的企業評価システム）で、〇一年の二三一位から、〇七年、〇八には連続一位となった。『ハーバード・ビジネス・レビュー』誌の「在任中に実績をあげた実行力のある最高経営責任者（ＣＥＯ）」のトップ１００では、日本人ではトップの一七位に選出されている。

（2）「国内回帰をどう実現するか」『プレジデント』二〇一二年一月二日号、一六五頁。

◆参考文献

聞取り調査　二〇一二年一一月二九日、坂根正弘会長（当時）、浦野邦子執行役員。二〇一三年一〇月九日、浦野邦子執行役員。

Chesbrough, Henry, *Open Services Innovation: Rethinking Your Business to Glow and Compete in a New Era.*, Jossey-Bass, 2011.

坂根正弘『言葉力が人を動かす』東洋経済新報社、二〇一二年。

（中川有紀子）

ケース５－２

参考：海外の女性人材登用戦略　サムスン電子

読者の方々は、なぜ外国企業の事例が出てくるのか、と驚かれるかもしれない。ここであえて韓国サムスン電子の事例を紹介する理由を説明しておきたい。スイスの世界経済フォーラム（ＷＥＦ）が発表するジェンダーギャップ指数では、日本は一三五カ国中一〇一位である（二〇一二年）。日本の男女均等処遇は、他のＯＥＣＤ諸国と比較して、ますます大きな開きが出ている。世界経済フォーラムは男女均等処遇に成功した国と強力な経済競争力をもつ国との間には、強い相関関係があることをデータが示していると主張している。

男女均等処遇問題については国内外でも多くの研究がなされている。韓国も日本と同様、性別による役割固定化傾向の非常に強い硬直した労働市場をもっていた。それを変えるきっかけとなったのは、一九九七年に通貨危機を経験し、国際通貨基金（ＩＭＦ）からの資金支援による救済覚書が締結されたことである。その救済条項のなかに、労働市場の構造改革が盛り込まれ、経済の構造改革の一環として整理解雇制と派遣労働制が導入された。これにより企業の業績悪化などを理由とする一時的な解雇が可能となり、労働市場の柔軟性が向上した[1]。以下では、固定的性別役割分担意識は経営者の経営戦略によって変わりうるという立場から、サムスンの事例をみていくことにする。サムスンは、グローバル化のなかで競争に勝ち抜く戦略の一環として、徹底した性差のない人材登用戦略を掲げている。その実情について、サムスン本社経済研究所専務取締役張氏へのインタビュー内容をふまえて記述していきたい。

一　組織内部からの変革

一九三八年に設立されたサムスン・グループは、総合電子メーカーのサムスン電子を中核に、薄型パネルや電池を製造するサムスンＳＤＩ、造船やプラントを生産するサムスン重工業、商社事業と建設事業のサムスン物産などを有する韓国最大規模の企業グループに成長した。サムスン電子は、一九六九年に設立されたエレクトロニクス企業であり、九〇年代半ばまでは、グローバルな次元ではまだ存在感の薄いローカル企業にすぎなかった。しかし、二〇一二年末時点の連結売上高は二〇兆円、営業利益は二兆円を超えている。営業利益率は一〇パーセントに達し、日本企業の平均的水準三パーセントに対して、大幅に差をつけている。従業員総数は二二万人（そのうち韓国外に五四パーセント）と、巨大グローバル企業に発展し躍進をつづけている。

この変化は、通貨危機によりもたらされた。李炳夏によれば、危機というのは「危機と機会」として捉えられることもあるように、大改革と相互に作用しあう面がある。(2) 潜在的競争力をもつ企業であれば、危機を契機にチャンスに変えていく可能性が高いともいえよう。また、危機克服のためには、外部の経営環境の変化に対外的にうまく対応していくだけでは不十分で、内部のさまざまな組織的仕組みの改革をともなって整合性を保っていかなければならない。以下では、それを女性人材の登用と活用という組織戦略のひとつの側面から捉え、サムスン電子の事例を通じてそのプロセスを明らかにしていきたい。

二　女性活用への戦略転換

事業環境が激変しつつあった九〇年代、サムスン電子創業家二代目の李健煕会長は「サムスン電子は変わらないと生き残れない」という強い危機感をもった。その背景には、韓国の国内市場だけでは今後大きな成長は見込めないという判断から、生き残りを賭けてグローバル化志向へと舵を切った経営方針の大転換があった。一九九四年、女性人材活用に対する李会長の関心と哲学を具体化させ、学歴と性別による差別撤廃を骨子とした「開かれた人事改革案」が発表された。

李炳夏によれば、経営陣は、より攻撃的な戦略を立てた(3)。アメリカ型グローバリゼーションが叫ばれる時代に生き残るためには、人事部門においてもいわゆるグローバル・スタンダードを導入しなければならないことを明確に意識した。人事部は、人材のグローバル・スタンダードやトレンド変化の方向性を認識しながら、各現場でのリーダーシップ発揮を通して組織を変え、危機を乗り越えようとしたのである。

たとえば、男女差別を撤廃した同一労働同一賃金人事施策は、当時としては画期的なものであった。同じ職級でも男性の七、八割に抑えられていた女性の賃金水準が一気に上がり、総額人件費は数十パーセント上昇したものの、それに見合う効果が得られた。サムスン電子が設計部門などにおける専門職を公募すると、それまでは就職するチャンスのほとんどなかった女性たちが大挙して押し寄せるなど、社会的にも非常に良い反応があらわれた。またサムスン電子の強みであるデザイン部門でも、女性人材の活用により新たな製品デザインが生まれ、大きな成果が生まれている。

二〇〇二年、李会長は再び女性活用施策を強力に推し進める意向を明確にした。その背景には、グローバル化に対応してさまざまな社内改革を進めるうえで、根本から従来の企業文化をつくりなおす必要を感じていたことがある。

キム・ソンホンとウ・インホによれば、二〇〇二年の韓国警察学校修了者のうち、優秀者の一位から三位までを女性が占め、能力的に男性を上回ることが示されてそれまでの社会通念が根こそぎ覆されたことが、サムスンの組織改革に影響を与えたという(4)。この報告を聞いた李会長は、トップダウンによる「女性人材活用戦略」を積極的に進めると同時に、経営戦略から落としこまれた人事戦略の柱として「柔軟性のある働き方」の推進をおこなうよう指示した。その具体的目標数値として「新規採用の三〇パーセント以上を女性にする」と決め、継続就業のための育児施設もさらに増やすなど、仕事と育児の両立支援制度を打ち出した。造船業のようないわゆるハードな分野にまで女性を果敢に採用しろという李会長の指示に従って、それまでの採用を現場の自主的管理体制から改め、本部人事部がリアルタイムで監視する仕組みに変更した。

しかし問題は、採用段階よりも、仕事の現場で女性人材をうまく活用しきれていないことだった。李会長は就任当時の一九八七年から積極的に女性採用を推進していたが、じつは、現場レベルでは誰も本気で女性を活用しようとしていなかったのである。

三 多様な人材マネジメントへの転換

李会長が経営トップとして掲げた女性人材活用目標だが、長年にわたって現場では進展がなかったことを、李会長自身知ることになる。この中間管理職の「聞き流し」を李会長は、次のように解決していった。

李会長が最初に打った手は、女性人材を活用しなければならない理由を三点に絞り込み、部下に十分理解させるべく、サムスンの経営戦略に結びつけてわかりやすく丁寧に説明したことである。それは、次のような内容であった。

①二一世紀は創造性と感性の時代になり、男性にはない女性の感性を活用することが、世界の競争に飛び込むための必須条件である。

②社会的な偏見はともかく、活用に値する優秀な女性が多い。
③女性労働力が加わってこそ、国も競争力をもてる。

李炳夏によれば、変革の中心となったのは人事部である。(5) 教育訓練という人的資源管理手法を使って「変化推進者」としての機能を発揮し、会社の戦略的意図を全従業員が共有できるように「価値一般化」活動を実行して、女性活用の必要性を浸透させていった。女性活用によって企業の競争力が上がり、その結果従業員個人やその所属組織にも何らかのメリットが得られるとの期待をもたせ、個人や所属部署と会社の方向性をできるだけ一致させようとした。それにより、組織全体として環境変化に対応したトップの意思をキャッチアップし、実践するスピードを速めることを可能にしたのである。

女性活用推進は国際競争に勝つための経営戦略の一環であることがいったん管理職に十分理解されると、サムスンの改革実行スピードは加速していった。現在でも、サムスン本体および系列企業の人事担当者たちは、つねに新規採用者（学卒、中途）の女性比率三〇パーセントを目標におき、人材確保に奔走している。李会長は、「当社は、積極的雇用改善措置法の規制、差別撤廃倫理憲章があるから女性を優遇しているのではない。競争力を強化し、コアコンピテンシーを獲得するために、多様な人材活用戦略を採っている。（性や学歴に関係なく）優れた人間を尊重しているにすぎない。もはや、純血主義では戦っていけない。多様な世界市場への国際競争経営戦略の一環として、多様な人材マネジメントを実行し多様で包容力のある組織文化を発展させていくことで世界をリードする」と、社内外に宣言している。ちなみに、現在、サムスン造船の最優秀溶接技能工は、女性である。従来、男性中心の職場であるという理由で女性採用および活用戦略に消極的だった重工業代表格のサムスン造船の組織内部でも、現実の成果を目の当たりにして女性に対する評価は大きく変化してきている。

このような変化とともに、仕事の成果に対する評価基準は、従来の「仕事時間の長さ＝量」で評価される基準から、「どれだけ付加価値を生んでいるか＝質」に対する実績評価に変更された。この背景には、従来のような情実評価、年功評価をしていては会社が衰退するという経営判断がある。職場において性差なく従業員どうしを競争させることで、積極的に仕事にコミットさせモチベートさせる徹底した能力別管理に変更した。また、昇進・昇格委員会では、直属上司の評価結果だけでなく、個人的嗜好による判断の歪みを避けるために、複数の関係者に対して「何を頼んだとき、どのようなフィードバックが返ってきたか」という具体的な根拠にもとづいた聞き取りをおこない、偏見のない透明な昇格基準とするように努力をつづけている。

従来能力があるにもかかわらず、性差に対する社会的偏見があったために管理職に昇進するチャンスのなかった女性には、このような制度が強力な追い風となり、女性社員全体のモチベーションが上がっている。また、上級管理職は、女性管理職育成・登用計画を策定し、優秀な女性の長期キャリアパスを考え、次のよい仕事への社内異動をサポートするように教育されている。

李炳夏によれば、人事部は、毎年、李会長の戦略的意図やその年の経営方針などについて社内訓練教育を通して徹底的に管理職に伝え、社内の各種教育プログラムにもその内容を組み込んで周知している(6)。背景には、李会長が社内教育にコミットしていることに加え、現場の教育部門である人事部に対するトップおよび社内の信頼がある。長年の改革によりつちかわれてきた人材の背後には、能力第一という社内風土の定着もあるが、女性活用に関しては人事部の綿密なマネジメントの貢献も大きい。女性人材は、一定レベルの教育訓練を経たうえで、その結果の検証が人事部により徹底的に実施され評価される。具体的に女性活用の結果を出せない部門の上級管理職は、責任をとらされる。それに加えて、社内の女性ロールモデルを取り上げ、その活躍を広報誌で大きく宣伝し、女性社員全体の競争意識と期待を高める戦略も駆使している。

四　女性上級取締役比率一割

李会長は、二〇二〇年までに、女性上級取締役比率を一割にすることを社内外に公表している。現時点でのこの数値が二パーセント未満であることを考えれば、非常に高い目標ではあるものの、李会長の女性リーダー登用戦略へのコミットがうかがわれる(7)。

さらに、こういった経営方針を先に社外に対して公表することで、経営者の本気度と全社の方向性を、外部からの情報として従業員に伝えるという戦略を駆使している。このように職場における性別による役割固定化問題の解決策を継続して実施し続けることで、現時点でのサムスン電子の内部昇格女性役員比率（女性役員数／全役員数）は六・一パーセント、管理職比率の数値は九パーセントと、日本企業平均に比べて顕著に高く、さらに二〇一三年以降は倍増計画が出されている。

サムスン本社経済研究所張専務は、次のように断言する。「サムスンの人事施策は、韓国企業の事例ではない。LG社や現代社とも違う。グローバルに戦っている企業の一事例である」。

このようなサムスンの戦略的女性活用は、企業文化の異なる日本企業にとっても学ぶ面が多いだろう。

◆注

（1）向山英彦「韓国労働市場の構造変化」『環太平洋ビジネス情報 ＲＩＭ』第五巻一八号、二〇〇五年。
（2）李炳夏著、新宅純二郎監修『サムスンの戦略人事――知られざる競争力の真実』日本経済新聞出版社、二〇一二年。
（3）前掲書。
（4）キム・ソンホン&ウ・インホ『サムスン高速成長の軌跡――李健熙10年改革』小川昌代訳、ソフトバンククリエイティブ社、二〇〇四年。
（5）李前掲書。
（6）李前掲書。
（7）*Sydney Morning Helard.* 2011.10.15.

◆参考文献

聞取り調査　二〇一二年一二月一六日、サムスン韓国本社経済研究所　張相秀専務取締役人材開発最高責任者。

キム・ソンホン&ウ・インホ『サムスン高速成長の軌跡――李健熙10年改革』小川昌代訳、ソフトバンククリエイティブ社、二〇〇四年。

李炳夏著、新宅純二郎監修『サムスンの戦略人事――知られざる競争力の真実』日本経済新聞出版社、二〇一二年。

中川有紀子「女性管理職育成・登用をめぐるエージェンシー理論分析――日米韓3社の事例分析」『経営哲学』第一

○巻二号、二〇一三年、八二‐九二頁。

（中川有紀子）

コラム――アメリカと韓国にみる女性管理職登用と両立支援

アメリカの女性労働市場

最初に、アメリカの女性労働市場の概要と特徴について説明しよう。一九八二年から現在までのアメリカにおける女性就業率の変化をみると、全体の就業率については四二パーセントから四六パーセントとに四ポイント上昇している（日本は三八パーセントから四二パーセント）。就業率自体はそれほど大きな変化ではないが、調査対象企業の全管理職に占める女性の割合が一八パーセントから四六パーセントと大きく増えているのが目立つ（これに対し、日本は一ケタ台でほとんど変化がない）。この変化の背景には、一九六〇年代から、人種・性別などの構成の不均衡を是正するための積極的改善措置施策が実施されてきたことがある。

一九六七年、政府との契約金額が年間一万ドル以上の企業に対し、女性活用義務が付加された。さらに、裁判所は、適切な女性活用を命ずる権限を付与されている。また、中小企業法でも、政府調達分野において少数人種や女性の経営する中小企業に対する優遇措置が規定されている。

一九九一年には、「ガラスの天井」(女性の進出を阻む見えない壁のこと)改善の委員会が設立され、民間企業および政府機関に対して少数人種や女性の管理職への積極的登用など、今後の政策遂行を提言している。このような政府の積極策のなか，アメリカの女性たちもキャリア志向を高めていった。大企業五〇〇社の約八二パーセントに女性の執行役員が存在し、人数比では一二・五パーセントを女性が占めるにいたっている。

企業内制度では、育児などの家族的責任のためにフルタイム労働からパートタイム労働への転換を認める正社員制度をもつ企業が約六割あるほか、時間休の取得、定期的始業終業時間の変更を認めるなど、柔軟な就業形態に対応している企業が多い。その一方で育児休業に関しては特化した休業制度はなく、一九九三年に制定された「家族および医療休暇法」を利用して一二週間の休業期間が設けられているのみであり、所得保障もない。アメリカの出生率は、低下傾向にはあるものの、二・一人(二〇一一年)と低くはない。その背景には、高学歴高収入の女性たちが子育てと自身のキャリア志向の両立に非常に積極的であり、企業側もまた優秀な女性人材のモチベーション向上策として、柔軟な働き方の提供を戦略的におこなっていることがあるといえよう。

韓国の女性労働市場

サムスンの事例でも述べたが、韓国は、日本と同様九〇年代に国際競争時代の影響を受けはじめ、早期退職制度や名誉退職、年俸制、抜擢人事などを通じて、雇用の流動化、能力主義の徹底を推し進めていた。一九九八年の通貨危機にともなうＩＭＦの支援政策下で一気に市場原理を貫徹させ、労働市場の流動化を推し進めた。

過去二十数年間の労働市場の動向をみると、供給面でのもっとも大きな特徴のひとつとして、女性の就労構造をめぐる変化が挙げられる。韓国の女性の大学進学率は八二・四パーセントと世界最高となった（日本は五五・三パーセント）。それにともなう特徴的な現象として、女性の経済活動への参加が社会的に促進されたことが指摘できる。また、通貨危機後に従業員の解雇が容易になり、企業におけるリストラが進んだことで、労働市場は流動性を高めていった。そのため家庭のなかでは夫や姑からも妻の経済的役割（収入）への期待が生まれ、同時に女性のキャリア転換が比較的頻繁におこなわれるようになった。

韓国の積極的雇用改善措置法は、従業員数五〇〇人以上の企業に女性の人材活用に関する具体的な数字の報告を義務づけている。不適切と考えられる企業に対しては改善計画の提出を求める一方で、優秀企業は表彰するという賞罰的な要素を含んだ積極策で、大きな効果を上げている。二〇〇六年にこの法律が導入されて以降、女性管理職比率の伸びは顕著である。二〇一〇年には対象企業の女性管理職の割合は一六パーセントに達し、絶対数では過去一〇年間で八一パーセント増となった。二、三年後には女性管理職の比率が二〇パーセントを超えることも予想されている（これに対し日本では、この一〇年間遅々として女性管理職位の比率は低迷しており、いまだ九パーセント台のままである）。

韓国では一九八五年以降、事務系管理職の相対的に高い職位において、一貫して女性が増加しつづけている。つまり、高い学歴を有した能力のある女性には、一定のチャンスが与えられている。背景には、能力主義の貫徹により、職場では性別にかかわらずに社員どうしを競争させることによってモチベーションを上げるという企業の戦略がある。

マクロ制度のレベルでは、育児休職期間が長いほど労働市場復帰率が低いという問題があったことから、キャリア断絶を防ぐために育児休職復帰インセンティブを導入し、休職給与の一部は復帰六カ月後に一括支給する制度に変更された。

企業内制度のレベルでは、二〇一一年から企業への職場保育施設に対する支援や法律が強化された。常時女性従業員三〇〇人以上または従業員五〇〇人以上を雇用している事業場の事業主には、職場保育施設の設置が義務づけられ、職場保育施設を設置できない事業主は、保育施設利用の有無や政府保育料支援有無とは関係なく、従業員に保育手当を支給する義務がある。

このように、政府は少子化対策を矢継ぎ早に打ってはいるが、韓国では労働時間短縮が進んでいないために、硬直的でフルタイム中心の長時間労働環境が改善されていない。これにより、育児期の女性が仕事か子育てかの選択をせざるをえないという日本同様の問題を抱えている。その結果、出産は抑制され、世界第四位の超少子化国家のままである。女性がなかなか子どもを産まない問題を一挙に解決するのは容易ではない。

◆参考文献

裵海善「韓国の少子化と政府の子育て支援政策」『アジア女性研究』第二一号、二〇一二年。

明泰淑「ＩＭＦ経済危機と韓国の女性労働」国立海外社会保障・人口問題研究所編『海外労働問題研究』第一四六号、二〇〇四年。

厚生労働省「平成23年度女性雇用管理基本調査」。

終章　企業組織のレジリエンス

近年、企業環境の変化度合が加速しており、経営的意思決定の面ではスピードが重視されるようになっている。その背景には、やはり、情報報通信技術と航空機などの高速交通手段の発展により、世界が狭くなっていることがある。また、経済や産業の面では、世界の各地が密接な結びつきを構成するようになりつつあり、グローバル化の流れは止まらない。世界のどこかで大規模な災害や紛争が発生すれば、その影響は地域的な範囲にとどまらず瞬く間に世界に波及する。東日本大震災では、重要な部品生産をおこなっていた東北の企業が被災し、国内にとどまらず海外企業まで生産が滞ったことは記憶に新しい。

このような何が起こるのかわからない未来という状況下におかれた企業経営者は、非常に難しい舵取りを迫られる。過去のデータにもとづく短期的な見通しはそう大きく外れることはないにしても、変化の速度が高まれば中長期にはどんな状況が発生するのかを予測することが難しくなるからである。また、高度成長期のように右肩上がりで市場が拡大していたような状況では、前年と同じことをやっていても企業成長は可能だったかもしれないが、いまではむしろ過去の成功体験に依存すると間違った意思決定をする危険性が高い。過去の成功体験が役に立たない以上は、リスクがあってもチャレンジを避けてはならず、もし失敗した場合は傷が大きくならないうちに収束させ、その経験を次に活かしていかなければならない。このような回復能力、柔軟性が企業の持続力のカギを握る。

本書で取り上げたいくつかの事例を振り返ってみよう。富士フイルムは、銀塩フィルム製造によって蓄積されてきた技術を再構成し、同時に研究開発投資をおこなって事業構造の転換に成功した。この大胆な意思決定をおこなったリーダーは、当時の古森重隆社長であり、彼が目指したのは持続的にイノベーションをつくりだせる企業である。競争の激しい小売業界でコンビニエンスストアを展開するローソンは、健康というキーワードを掲げて新たな業態の店づくりを目指し、同時に女性と外国人の戦力化を図り、新たな切り口から顧客ニーズへの対応を優先している。いずれも業界は異なるものの、急速に変化する市場への適応プロセス、柔軟性を重視している点には注目すべきである。

また、資本主義市場では企業の合従連衡もダイナミックにおこなわれる。とくに企業を一体化する吸収合併においては、もともと組織文化や性格が異なる企業をどうやってコンフリクトなく統合するのかが大きな課題となる。日本電産は、合併した会社の人の意識を変えて効率化を進め、極力人員整理をせずに黒字転換をおこなう手法をとっているが、その根本のところでは、人間の意識改革が成功するかどうかにかかっている。いわゆる「永守イズム」といわれているポリシーを受け入れるかどうかである。M&Aに抵抗を示す場合もある。ブルドックソースは、ファンドによるM&Aが成立したときの会社への影響を考えた結果、買収を拒否してあくまで経営の独自性を保つことにこだわった。これらの事例では買収する側もされる側も、それぞれの企業にとっての大きな経営の転換点となる。そのときにどう意思決定したのかがポイントである。

さらに、近年になって取り上げられることが多くなってきた課題は、企業の社会性と利益のバランス、および組織の多様性（ダイバーシティ）であり、それについてふれておきたい。これらは、いずれも企業のレジリエンスと密接に結びついている。

社会性についていえば、利益だけを追求しようというのであれば、コストのかかる社会貢献活動に力を振り向けるのは非効率である。しかし、社会の成熟化が進む先進国では、社会的存在としての企業という考え方が、少しずつ広がりはじめている[1]。本書で取り上げた会宝産業は、自動車部品リサイクルで利益を上げつつ、並行して世界的な環境保護のための技術を展開していくアライアンスを目指しており、短期的な利益優先ではなく社会的存在意義をふまえた長期的視点から事業活動を展開しているのが特徴的である。

個人レベルでも、社会的存在意義を追求する組織において活躍の場を求める動きは、リーマンショック以降に目立ちはじめている。アメリカのMBA修了者の間では、以前は就職先として高額の給与を得られる投資ファンドやコンサルタント会社の人気が高かったが、最近は変わりつつあるという。社会的課題の解決を目的として活動しているNPOや企業などを選択する傾向がみられるというのである。[2] また、日本国内では二〇一二年度の日本政策金融公庫によるNPO法人向け融資は、件数と金額の双方が過去最高になった。[3] これは、経営基盤がしっかりしたNPOが増えてきたことも要因であると考えられるが、その定着には社会の状況が変わりNPOを受け入れる基礎が生まれつつあることも背景にある。個人ベースでも、収入の多さではなく明確な生きがいや自己の社会的存在価値を実感できる場を求める人が増えはじめているのである。

このような人間的価値観が重視されつつある一方で、ICT技術の進歩によって人間の感覚を大きく超える世界が機能している現実がある。インターネットに代表されるICTは、新たなビジネスチャンスを生み出しつつある。しかし、能力的にはあまり変化しない人間に対し、コンピュータ技術の発達速度は著しい。コンピュータの世界では、年々向上するCPUの処理速度、数年で更新され複雑化するオペレーティングシステム、低価格化で個人でも購入可能になったテラバイト単位のハードディスクなど、飛躍的な技術進歩が起こっている。それにともなってコンピュータが人間を凌駕することも多くなってきた。チェスは、一九九七年における人間のチャンピオンとの対戦で人工知能が勝利している。将棋や囲碁はチェスよりはるかに複雑だが、ソフトの開発者は、コンピュータが圧倒的勝利を収める日もそう遠くないと述べている。チャールズ・チャップリンがモダンタイムスで皮肉ったベルトコンベア方式の生産工場は、いまや文句もいわず二四時間働き続ける産業用ロボットにより自動化されている。

これらは、部分的な側面であるが、大量の情報を高速で処理することが可能なコンピュータは、経済の仕組みやこれまでの常識を変えはじめている。典型的なのは、株式市場だろう。いまやシステム化が進み、コンピュータを活用したハイ・フリークエンシー・トレーディング（HFT）と呼ぶ高速取引が主流になっている。これは、プログラムにより選び出された銘柄群を、一〇〇〇分の一秒単位で売買するシステムである。こうなると、次元が違ってしまい、もはや人間の感覚ではまったく対応できない。それによって株式の流動性は高まるかもしれないが、ナノセカンドの取引は本来の市場の姿なのだろうか、という疑問をもたざるをえない。また、二〇一四年当初には、国境にとらわれないネット上の通貨として出現した「ビット・コイン」が大きな話題となった。その日本取引所であったマウントゴックスの破綻がマスコミを賑わせ、国家の中央銀行のような信用の裏づけがないビット・コインの実態と今後の可能性がいろいろと取り上げられた。これらは、社会や市場の構造が急速に変わりつつある兆候でもあり、本来の経済活動の本質的意義をあらためて考えさせられる。

資本主義社会の権化といわれた投資ファンドの分野でも、新たなポリシーの企業が生まれている。たとえば、従来の投資ファンドの方向とは一線を画して設立された「鎌倉投信」[4]の鎌田恭幸社長は「いい会社に投資することが重要だ」という考え方を前面に掲げ、いい会社とはどのようなものなのかについて、次のように述べている。

「いい会社」とは、規模の大小でもなければ上場非上場も関係ありません。株主や経営者など特定の人が多くの利益を得る会社ではなく、社員とその家族社員とその家族、取引先、地域社会、お客様、自然・環境、株主等の利益の調和の上に発展し、持続的で豊かな社会を醸成できる会社です。規模から質へ、拡大志向から循環思考へ、物から心へ、競争から共創へと向かう社会の構造変化に順応できる会社です[5]。

このように、鎌倉投信では、ファンドの本来のあり方とは、社会的に意義のある企業を育てることだという理念で資金を集め、短期売買での利益獲得よりは長期的視点から厳密に投資先の選定をおこなっている。そのポイントは、社会性と利益のバランス、それによる持続性の重視であり、必ずしも規模やシェアの拡大による利益追求ではない。集めるお金に色はついていない以上、どう投資するかは企業のポリシーによって変わってくるのであり、そのポリシーを掲げ組織をマネジメントしていくのがリーダーである。本書の事例からは、組織はリーダーとそのポリシーによってレジリエンスが大きく変わるというのが読み取れる。

さらに、今後組織のレジリエンスに大きな影響をもたらしそうな課題が多様性（ダイバーシティ）の実現である。グローバル化とともに、多様性をもつことは避けて通れない。自然界における生物多様性の維持が環境を守るうえで重要なように、組織でも均一化・画一化するのではなく個々の違いを尊重し、その違いがあることを活かすようなマネジメントをおこなっていくことで組織のパフォーマンスが向上する。

多様性が重視されるのは、グローバル化などが急速に進みビジネス環境が激変するなかで、従来の画一的な組織では柔軟性に欠け、変化への対応ができなくなりつつあるためである。この多様性は、客観的な男女や国籍や人種といった要素だけではなく、価値観やライフスタイルや性格などの目に見えない違いも含む。もともとは、アメリカにおいてマイノリティーや女性の採用促進といった、差別のない雇用を実現するという考え方からスタートし、いまはもっと広くワークライフバランスなどを含む多様な働き方の尊重を意味するようになった。

しかし、一言で多様性を活かすといっても簡単なことではない。たとえば、男女差別のない職場を整備するといっても、差別を撤廃しあとは各自の努力と実力に任せればいいというものではない。だからといって、思い込みで性別による仕事の区分けを決めてしまうことも正しくはない。要は、人には違いがあることを前提に、最大限にそれぞれの能力を発揮できるような環境を戦略的に整えていくことが求められる。

現在は、市場が無条件に成長していく時代ではなくなった。不確実性が高い環境においては、トライ・アンド・エラーを積み重ねて経験を蓄積しながら、成功確率の高い方向を見いだしていくしかない。組織が多様性を備えていれば、変化に対するしなやかな適応力、すなわちレジリエンスの能力が高くなる。それが、結果的に組織のパフォーマンス向上につながるのである。前に述べたローソンやコマツにおける女性活用事例を読み返していただければ、わかるだろう。

本書では、ビジネスのさまざまな局面から事例を紹介してきたが、持続可能性が高くレジリエント（resilient）な企業に共通している特徴を突き詰めていくと、経営者が掲げる基本的な理念、経営ポリシーがしっかりしている点に帰着する。要するに、日常業務のレベルまでその基本原則が浸透しており、活動の方向がぶれないのである。それは、きっちりと事業や仕事の枠をはめて、そこから出ないこととは大きく異なる。原理原則をふまえたうえで、現場の多様な人間が自律性を発揮できる環境が整えられているのである。無機質で画一的な組織ではなく、きわめて人間的で主観的な要素を重視したマネジメントが、組織成員の行動にスピードを与え、組織全体のレジリエンスの基礎となっているといえよう。経営を担うリーダーのポリシーと、自律性の高い現場が噛みあえば、日本企業はまだまだ多くの可能性を秘めている。

◆注

（1）企業の事業活動との関連では、以前からあるＣＳＲ（Corporate Social Responsibility）の考え方や、マイケル・ポーターの提唱するＣＳＶ（Create Shared Value）などが知られている。
（2）たとえば、http://www.topmba.com/articles/employers/mba-career-options-field-sustainability に示された、ＭＢＡで学んだスキルを金や名誉を得るためではなくより良い世界の実現のために活かすことを求めている、という内容。また、二〇一二年のアメリカにおける文系学部卒業生の就職人気ランキング三位に、二年間限定で貧困地区に新卒者を教員として送り込むＮＰＯのＴＦＡ（Teach for America）が入ったという記事（「働けない若者の危機」『日本経済新聞』二〇一二年一一月七日付一面）。
（3）日本経済新聞『春秋』欄、二〇一三年一一月二五日付一面。
（4）鎌倉投信の設立はリーマンショック二カ月後の二〇〇八年一一月。周囲からは絶対失敗するといわれていたという（鎌田恭幸社長）。
（5）鎌倉投信ホームページ（http://www.kamakuraim.jp/greeting.html）。

あとがき

本書は、理論書ではなくケースブックである。本書の執筆のそもそものはじまりは、激変する環境下において企業がさまざまな危機や大きな転換点に見舞われたときに、どのように対応するのかをケースとしてまとめてみようということであり、当初は漠然と公的組織から企業組織まで、どちらかといえばリスクマネジメントに近い内容を考えていた。

しかし、原稿を集約してみると、最初の段階でしっかりしたコンセプトを固めておかなかったことが大きく響き、どのような局面を設定するのか、どのような組織を対象とするのかがまとまらず、不十分な内容となり大幅な修正と構成の見直しをおこなわざるをえなくなった。

何度か検討を繰り返した結果、最終的には企業経営において大きな転換点となるいくつかの重要な局面を設定し、それに対応していると各執筆者が考える企業を選定し、全体の内容をすりあわせることとした。その際の基本的なスタンスは、経営戦略の観点からみて参考となるような、ユニークな事業プロセスをたどった企業、という点である。個別企業の歴史をくわしくたどってみると、それぞれ変遷のドラマがあり、さまざまなパターンが見いだされる。そのすべてを描くことはできないので、事業環境の激変、グローバル化、M&A、ニッチトップ、ダイバーシティの五つの局面に絞って、企業を選定し記述している。残念なのは、成功事例と失敗事例を対比できるような形にできなかったことである。当然のこととはいえ成功事例の情報はあふれているが、失敗事例に関する資料は非常に少なく散逸してしまっており、集約しまとめるのには時間がかかる。関係者が現役のあいだは、書きにくいことも多いため、なかなか難しいというのを実感させられた。

本書においては、できるだけ正確に事実経過を書き、それに適宜考察を加えた形になっている。むろんケースの解釈の仕方は一通りではなく、本書において示した内容とは別の解釈がありうる。読者の方には、そのような思考の材料として使っていただくのがよいと考えている。

最後に、本書を執筆するにあたって、お忙しいなかインタビューに応じていただいた企業の方々、内容に関してコメントをいただいた方々、そして書き直しという筆者らのわがままにも根気よくお付き合いいただいたナカニシヤ出版の方には、深く感謝申し上げる次第である。

二〇一四年四月

執筆者一同

執筆者紹介（＊は編者）

＊平田 透（ひらた・とおる）
山形県生まれ。
北陸先端科学技術大学院大学知識科学研究科博士後期課程修了。博士（知識科学）。
金沢大学大学院人間社会環境研究科教授。
【主な著書・論文】
Managing Flow: A Process Theory of the Knowledge-based Firm（共著、Palgrave Macmillan、2008年）
『流れを経営する――持続的イノベーション企業の動態理論』（共著、東洋経済新報社、2010年）
『経営は哲学なり』（共著、ナカニシヤ出版、2012年）

成田康修（なりた・やすのぶ）
千葉県生まれ。
総合研究大学院大学文化科学研究科修了。
公益企業社員。
【主な著書・論文】
『組織は人なり』（共著、ナカニシヤ出版、2009年）
『企業の不条理』（共著、中央経済社、2010年）
『経営は哲学なり』（共著、ナカニシヤ出版、2012年）

中川有紀子（なかがわ・ゆきこ）
兵庫県生まれ。
慶應義塾大学大学院商学研究科後期博士課程単位取得退学。
明治学院大学経済学部国際経営学科非常勤講師。日本企業においてグローバル人事部に在籍。
【主な著書・論文】
『ステークホルダーの経営学――開かれた社会の到来』（共著、中央経済社、2009年）
『企業の不条理』（共著、中央経済社、2010年）
『経営哲学の授業』（共著、PHP研究所、2011年）
“Women As Drivers of Japanese Firms' Success: The Effect of Women Managers and Gender Diversity on Firm Performance”（*Journal of Diverisity Management*, 2014）

レジリエント・マネジメント

2014年5月30日　初版第1刷発行　（定価はカバーに表示してあります）

編　者　平田 透
発行者　中西健夫
発行所　株式会社ナカニシヤ出版
〒606-8161 京都市左京区一乗寺木ノ本町15番地
TEL 075-723-0111
FAX 075-723-0095
http://www.nakanishiya.co.jp/

装幀＝白沢正
印刷・製本＝創栄図書印刷

Printed in Japan.　ISBN978-4-7795-0856-1　C0034